Couvertures supérieure et inférieure
en couleur

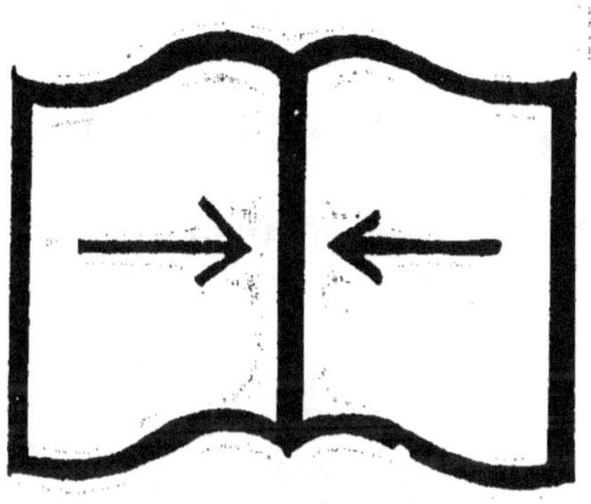

RELIURE SERREE
Absence de marges
intérieures

LES
POPULATIONS RURALES

EN FRANCE

DE LA FIN DES CROISADES A L'AVÉNEMENT DES VALOIS

PAR F. ROBIOU

PARIS

LIBRAIRIE DE VICTOR PALMÉ, ÉDITEUR

Rue de Grenelle-Saint-Germain, 25

1875

(6)

REVUE

DES

QUESTIONS HISTORIQUES

RECUEIL TRIMESTRIEL PARAISSANT DEPUIS 1866

Sous la direction de M. DE BEAUCOURT

Et formant par an deux beaux volumes grand in-8 de 650 à 700 pages.

La **Revue des Questions historiques** a conquis depuis longtemps la première place parmi les périodiques analogues qui paraissent en Europe. Son cadre est plus étendu que celui d'aucun de ces périodiques ; il n'en est point, en effet, qui, à côté de travaux de longue haleine sur les grandes questions de l'histoire, donne : des articles *Mélanges* sur des points d'histoire moins étendus ou sur des travaux récents, des *Courriers étrangers* (allemand, anglais, italien, scandinave, espagnol, etc.) : une *Chronique* très-développée, une *Revue de Recueils périodiques* français et étrangers ; enfin, un *Bulletin bibliographique* rendant compte de toutes les publications nouvelles.

Sommaires des dernières Livraisons parues :

JANVIER 1875. — E. BOUTARIC, chef de section aux Archives nationales : *Vincent de Beauvais et la Science de l'antiquité classique au XIII*e *siècle*. — ARTHUR LOTH : Acté, sa conversion au christianisme. — L'abbé E. ALLAIN : l'Instruction primaire en France avant la Révolution, d'après les travaux récents. — G. DE BEAUCOURT : le Caractère de Charles VII (4e partie). — C. KRAFT : *les Origines du Christianisme*, de M. Ernest Havet, réfutées *par la Religion romaine*, de M. Gaston Boissier. — FR. DE FONTAINE : les Moines juifs et le Christianisme. — CH. GÉNIN : M. Jung et son *Étude historique sur la France et Rome*. — Comte DE PUYMAIGRE : les Chansons de gestes espagnoles. — R. P. MARTINOV : Saint Josaphat, martyr, et son nouvel historien. — *Courrier* allemand, par B. MAIER ; anglais, par G. MASSON ; espagnol, par F. MIQUEL Y BADIA ; russe, par le P. MARTINOV. — *Chronique*, par MARIUS SEPET. — Bulletin bibliographique.

AVRIL 1875. — Comte RIANT : Innocent III, Philippe de Souabe et Boniface de Montferrat. Examen des causes qui modifièrent, au détriment de l'empire grec, le plan primitif de la 4e croisade. — G. DE BEAUCOURT : le Caractère de Charles VII (dernière partie). — H. DE L'ÉPINOIS : M. Guizot, son rôle comme historien. — MARIUS SEPET : le Drapeau de la France. — R. P. H. DE VALROGER : l'Ancienneté de l'homme. — M. GRÉGOIRE : l'Histoire de Joseph est-elle un conte ? —

GEORGES GANDY : Trente ans du règne de Louis XIV. — G. MASSON : l'Émigration, d'après un diplomate anglais. — *Courrier* allemand, par B. MAIER ; anglais, par G. MASSON ; polonais, par B. ZALESKI ; italien, par G. PITRÈ. — *Chronique*, par MARIUS SEPET. — *Périodiques* français, par FR. DE FONTAINE ; anglais, par G. MASSON. — LÉON GAUTIER : Dom Guéranger. — Bulletin bibliographique.

JUILLET 1875. — Comte RIANT : Innocent III, Philippe de Souabe et Boniface de Montferrat (2e article). — CH. GÉNIN : les Monastères franciscains et la Commission des Réguliers. — CH. JOURDAIN : Nicolas Oresme et les Astrologues à la cour de Charles V. — G. BAGUENAULT DE PUCHESSE : le Marquis de Fontenay et son ambassade à Rome en 1647 et 1648. — C. KRAFT : les Samaritains au temps de Jésus-Christ. — L'abbé MARTIN : De quelques travaux récents sur la venue et le martyre de saint Pierre à Rome. — G. GANDY : l'Histoire de France, de M. Guizot, tome IV. — G. MASSON : une Nouvelle Vie de Jésus. — J.-M. RICHARD : Ballade sur la reprise de Paris par les Français en 1436. — *Courrier* anglais, par G. MASSON ; italien, par G. PITRÈ. — *Chronique*, par MARIUS SEPET. — *Revue des Recueils périodiques* français, par V. DE FONTAINE ; allemands, par B. MAIER ; russes, par le R. P. MARTINOV. — Bulletin bibliographique.

CONDITIONS DE L'ABONNEMENT :

20 francs par an pour Paris et les départements. — **25** francs pour l'étranger. — Les abonnements partent du 1er janvier. — La *Revue* paraît les 1er janvier, 1er avril, 1er juillet et 1er octobre, par livraisons de 20 à 22 feuilles. — Chaque livraison renferme la matière d'un volume in-8 ordinaire, et se vend séparément **5** francs.

COLLECTION

La collection comprend seize beaux volumes, qui sont en vente, à **10** francs le volume. Des avantages sont faits aux personnes qui, en s'abonnant, achètent la collection.

LE MANS. — TYP. ED. MONNOYER, PLACE DES JACOBINS.

LES

POPULATIONS RURALES

EN FRANCE

DE LA FIN DES CROISADES A L'AVÈNEMENT DES VALOIS

TYPOGRAPHIE
EDMOND MONNOYER

AU MANS (SARTHE)

LES
POPULATIONS RURALES

EN FRANCE

DE LA FIN DES CROISADES A L'AVÉNEMENT DES VALOIS

Par F. ROBIOU

PARIS

LIBRAIRIE DE VICTOR PALMÉ, ÉDITEUR

Rue de Grenelle-Saint-Germain, 25

1875

LES POPULATIONS RURALES

EN FRANCE

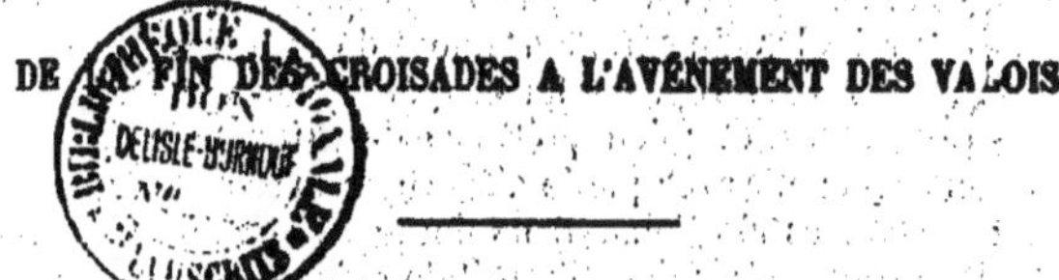

DE LA FIN DES CROISADES A L'AVÉNEMENT DES VALOIS

I

ÉTAT DE LA QUESTION.

Le temps des grandes erreurs historiques est passé, ou du moins il devrait l'être, quand, depuis un demi-siècle et davantage, la vraie méthode d'investigations et de critique, l'étude comparée des sources, est enseignée et pratiquée chez nous; mais il s'en faut bien encore que les résultats en aient pénétré dans les masses, même lettrées. Un certain nombre de faits importants sont définitivement éclaircis, un certain nombre de naïvetés historiques sont devenues à peu près impossibles; mais, pour connaître une époque, il ne suffit pas plus d'avoir pris connaissance de quelques conclusions générales, obtenues par la science des maîtres, qu'il ne suffit, pour connaître un pays, d'en avoir examiné la carte dans un atlas classique : en histoire, pas plus qu'ailleurs, les connaissances solides ne s'obtiennent sans un labeur personnel. L'enseignement du maître est indispensable, sans doute, pour ouvrir la voie de la science, mais, s'il reste seul, il ne la donnera pas. Que sera-ce donc, si aux obstacles qu'opposent, en général, à la connaissance véritable des faits la paresse des uns, le manque de loisirs chez les autres, vient s'ajouter, comme il arrive trop souvent pour notre histoire nationale, l'outrecuidante igno- rance des journalistes de tous les partis, répétant chaque matin les mêmes erreurs au même public, accumulant pour le service de leur cause des énormités historiques si lourdes qu'un savant en reste déconcerté, ne sachant comment exprimer avec politesse le sentiment qu'elles lui inspirent.

C'est là une réflexion qui doit surtout frapper les esprits quand, se reportant à ce demi-siècle de repos relatif qui sépare la fin des Croisades du commencement de la guerre de Cent ans, on essaye de se représenter ce qu'était alors la condition de nos campagnes, et qu'en présence des difficultés du pro- blème on se rappelle avec quelle aisance on le tranche... quand on est docteur ès élections. Sans doute les grands traits de ce tableau sont arrêtés dans l'esprit de quiconque a fait dans sa vie une étude tant soit peu sérieuse de l'histoire. On sait, en principe, la distinction du serf de la glèbe, dépourvu de liberté civile et du droit de propriété, et du vilain, qui possède tout excepté les garanties politiques. On sait les coups répétés et finalement mortels portés au fléau des guerres privées par les trèves de Dieu d'abord, puis par les guerres saintes, enfin par l'intervention de plus en plus fréquente et décisive du pouvoir royal, et par conséquent les progrès, déjà considé- rables au xiie et au xiiie siècle, de la sécurité privée. On sait enfin que la liberté civile a été posée en principe, pour tous les serfs du domaine royal, par une ordonnance de Louis X. Mais dans quelle condition précise et pratique cette déclara- tion des droits avait-elle trouvé les habitants des campagnes? Quelles étaient les ressources de la vie matérielle et les insti- tutions administratives, les charges publiques et les garanties sociales de cette innombrable population, dont les historiens ne parlent qu'en passant, et qui pourtant était *la nation* Fran- çaise, *moins* les *seigneurs* féodaux et les *municipes?* Voilà ce qu'on ne sait guère et ce que le plus souvent on ne se demande même pas.

Je n'ai certes point la prétention d'aller jusqu'au bout dans une pareille étude. Déjà, pour celui qui veut y regarder de près, la connaissance des institutions municipales au moyen âge est d'une effrayante complication, à cause de la variété indéfinie des coutumes et des droits, non-seulement d'une région à l'autre, mais d'une cité à la cité voisine. Mais là, du moins, il y a partout des textes écrits, des documents où ces droits sont formulés ; il y en a beaucoup moins pour les campagnes, en sorte que les éléments mêmes de cette étude, qui devrait s'étendre à tous les cantons du pays, semblent manquer pour la plupart et pour toujours.

Cependant, cette étude, M. Léopold Delisle est parvenu à la faire, en grande partie, pour la Normandie. Il est vrai que les progrès de la liberté civile, et par conséquent des institutions régulières, ont été plus rapides là qu'ailleurs ; la richesse du sol et l'activité de la culture en avaient fait une contrée exceptionnelle, dont la condition était moins éloignée de celle des temps modernes que celle des autres provinces. Le moyen âge normand était donc plus apte qu'un autre à nous transmettre la connaissance de ses institutions et de sa vie sociale ; mais enfin un travail analogue peut être esquissé pour les différentes parties de la France. Ce travail doit appartenir, pour chacune d'elles, à quelqu'un des savants qu'elle produit, et c'est après cela seulement que l'on pourra entreprendre un large travail d'ensemble. Ce que l'on peut faire maintenant, et ce que j'essaye ici, c'est, en profitant des travaux déjà faits et des textes publiés depuis longtemps, chartes et ordonnances, actes conciliaires et actes judiciaires, d'établir un certain nombre de données générales, et de faire ainsi quelques pas vers la connaissance complète de la question. En arrivant graduellement à une précision de plus en plus grande dans les résultats généraux, à une exactitude et une étendue de plus en plus satisfaisante dans les détails, la science posera aux études locales des questions de plus en plus claires ; et, même en attendant leurs réponses, de grandes erreurs seront combattues, des vérités importantes pourront triompher.

II

CONDITION CIVILE DES PAYSANS FRANÇAIS ET ADMINISTRATION
RURALE, DANS LE DERNIER TIERS DU XIIIe SIÈCLE.

§ 1. *Chartes de la France centrale.*

La condition civile des paysans français, pendant la génération qui précéda celle à laquelle fut adressée la fameuse
ordonnance de Louis X, était beaucoup moins tranchée qu'on
ne le croit communément, quant à la liberté personnelle et
même au droit de propriété, en ce sens que de nombreux actes
d'affranchissement, appartenant à la seconde moitié du
xiiie siècle, supposent manifestement par leur contexte que
ceux-là mêmes que l'on affranchit possédaient *en fait*, et depuis
longtemps, la presque totalité des droits purement civils. A
la fin de mon travail sur les *Classes populaires en France
pendant le moyen âge* [1], j'ai signalé quelques faits desquels
ressort cette conclusion : ainsi la *communauté* de la Châtaigneraie, c'est-à-dire l'ensemble de ses habitants, faisait,
quatre ans *avant* son affranchissement, décider par un arbi-
trage (1262) une question débattue entre elle et la puissante
abbaye de Saint-Germain-des-Prés [2]. Les habitants d'Orly [3] se
rachetaient (1263) moyennant la somme, énorme alors, de
quatre mille livres, payable en huit annuités seulement, en
même temps qu'ils *fixaient* à soixante livres parisis la somme
annuelle que la paroisse entière devait à titre de taille; preuve
de ce double fait que, dès le xiiie siècle, les serfs devenus
vilains n'étaient pas nécessairement taillables *à volonté*, et
que des serfs non encore affranchis pouvaient amasser un
pécule considérable [4], certainement accumulé pendant plusieurs générations, bien que la mainmorte fût reconnue en

---

[1] *Correspondant* des 10 nov. 1874 et 10 janvier 1875.
[2] *Cartulaire de N.-D. de Paris*, Grand Pastoral, l. III, 6, 12.
[3] *Ibid.*, l. I, 1.
[4] Ailleurs (l. III, 2), une seule famille se rachète pour 1,300 livres.

principe. J'ai signalé aussi, d'après M. Léopold Delisle[1], ce
fait considérable que les paysans de Normandie étaient, dès le
xiie siècle, libres de leurs personnes, et qu'ils payaient, au xiiie,
un *droit de relief* sur leurs biens, héréditairement transmis
en pleine propriété. Mais il ne faudrait pas croire que, même
hors de cette province, des faits analogues fussent tout à fait
exceptionnels, et, puisque nous nous bornons ici à une période
chronologique fort restreinte, il convient d'entrer dans l'étude
d'un grand nombre de détails. Encore une fois, l'extrême
variété des faits ne permet qu'à cette condition des conclusions
tant soit peu générales.

Revenons à cette grande communauté d'Orly qui nous a
déjà légué la connaissance de faits si curieux. Dans l'acte même
d'affranchissement, le chapitre se réserve les dîmes, dont la
quotité relative est déterminée pour les différentes productions,
et de plus, avec la haute et basse justice, les cens, corvées et
revenus dus précédemment. Ces redevances, comme on le
voit, étaient distinctes de la taille, sans doute parce qu'elles
n'étaient pas arbitraires; aussi les réunit-on, dans ce même
acte, sous la dénomination de taxes et coutumes[2]. C'est là une
modification grave à la condition servile que les hommes d'Orly
reconnaissent avoir été la leur; les réserves faites par le chapitre dans la charte d'affranchissement y sont insérées, dit la
charte elle-même, « non causa onerandæ libertatis[3], sed de
voluntate et *assensu expresso* omnium et singulorum prædic-
torum... habita super hoc *ab eisdem hominibus deliberacione* et
diligenti tractatu; » paroles qui, sept ans plus tard, seront
textuellement reproduites dans l'acte d'affranchissement de
Vitry[4], et même dans celui de quelques serfs do Sucy et de
Micy. C'est encore par une *délibération* faite *en assemblée générale*[5] que, six mois après leur affranchissement, c'est-à-dire

---

[1] *Études sur la condition de la classe agricole et l'état de l'agriculture en
Normandie, au moyen âge*, p. 14, 17-20, 67-8, 245.

[2] « Omnes census, quos prius debebant, redditus, corvelas, redibiciones, rede-
vencias et omnes alios districtus et consuetudines. »

[3] M. Demante croit reconnaître, dans cette formule, la reproduction mal
comprise d'une formule de droit prétorien. (*Bibl. de l'École des Chartes,*
4e série, t. I, p. 36-8.)

[4] *Grand Pastoral*, l. II, 41.

[5] *Ibid.*, l. I. 5. Une autre forme de cette espèce de pouvoir populaire, c'est la
délégation donnée, en 1269, par les membres des deux communautés de

quand les conditions de cet acte étaient loin d'être remplies, les habitants d'Orly, hommes et femmes (*utriusque sexus*), déclarent que le maire et le doyen ne devront pas contribuer au prix du rachat, parce que, de temps immémorial, ces dignités les exemptaient de la taille.

La charte de Vitry contient des particularités intéressantes à un autre titre. La mainmorte y était maintenue jusqu'à l'entier payement du prix de 400 livres[1], tandis que les mariages, qui tiennent de plus près encore au droit naturel que le droit d'hériter, devenaient immédiatement libres, c'est-à-dire pouvaient être contractés, sans autorisation du seigneur, en dehors de son fief[2].

Le fait général du progrès vers l'affranchissement, quant aux serfs qui dépendaient de l'Église, résulte d'ailleurs de la simple inspection des chartes du XIIIe siècle, dans le cartulaire de Notre-Dame, qui représente de vastes domaines répandus en diverses localités; mais il faut remarquer aussi que ce même cartulaire témoigne fréquemment de l'inféodation des terres d'église à des seigneurs laïques. Il ne faudrait donc pas exagérer les conséquences de l'action plus grande du sentiment religieux sur les seigneurs ecclésiastiques : elle ne pouvait se faire sentir que sur les domaines dont ils étaient demeurés les propriétaires directs.

Ce que nous entrevoyons déjà de la condition des serfs de Notre-Dame nous aidera à comprendre ce qu'étaient chez eux les *institutions municipales*. Un acte, concernant Orly, et *antérieur* de trois années (1260) à la *manumissio generalis* de cette paroisse, nous donne, à ce sujet, quelques détails intéressants. Remarquons d'abord qu'il ne s'agit pas d'une institution récente, prélude de l'affranchissement lui-même et destinée à le préparer directement. Deux des chanoines ont été

Spédoe et de Maceries (l. I, 15) à quelques individus pour régler, de concert avec le chapitre, la taille qu'elles lui devront. Elle est fixée à un cinquième en moins que l'année précédente.

[1] C'est bien peu en comparaison du rachat d'Orly; mais, à Vitry, la taille reste arbitraire. — Il s'agit sans doute de Vitry-sur-Seine, car le même livre contient les actes relatifs à Choisy, Ivry, Issy, Bourg-la-Reine, etc.

[2] On a des femmes libres, car, dès le IXe siècle, le mariage d'un serf avec une femme d'une condition supérieure assurait, en général, à leurs enfants, la condition de la mère (Guérard, *Prolégomènes du Polyptique d'Irminon*, pp. 176, 197, 201).

chargés d'une enquête sur la mairie de cette localité, c'est-
à-dire sur la *tradition* des précédents de cette administration,
pour régler en conséquence les droits et les coutumes qui
doivent lui appartenir. « De Majore de Orliaco, » dit la charte,
« dicimus et ordinamus quod qui major est nomine major
est re et dignitate, respectu Decani, ut, *in principio* causarum,
conquerentium clamores *audiat*, si prepositus (le prévôt)
absens fuerit villa (le village); si fuerit presens prepositus,
audiat *cum preposito*, et citationes faciat *per decanum*[1]. » Les
affaires claires et non contestées en fait seront même terminées
par le maire; mais, s'il y a contradiction, il doit assigner jour
au plaignant et à l'accusé pour procéder devant le prévôt. Les
criminels (voleurs, homicides, etc.) devront être amenés au
maire par le doyen, et le maire se chargera des arrêts criminels, selon qu'il les aura déterminés par le conseil des *bonnes
gens* (prout dictus major per *Bonorum* consilium duxerit judi-
candum) : ces *Boni Homines*, qui, au xe siècle, représentaient
la juridiction municipale, sont ici de véritables *jurés*, évidemment pris parmi les serfs même d'Orly : bizarre mélange
de la condition servile et de celle du citoyen.

Ainsi le maire qui, nous l'avons vu, est un des villageois
d'Orly, possède une juridiction bien établie et, à certains égards,
indépendante. Le doyen paraît au contraire ici remplir l'office
d'huissier et de gardien des coupables. Seul, il ne représen-
terait que la dépendance; mais le maire est déjà un fonction-
naire, et communique au doyen un caractère quasi municipal.

Or tous deux se retrouvent, au xiiie siècle, bien ailleurs
qu'à Orly. Il paraît que chaque paroisse de la juridiction tem-
porelle du chapitre de Paris en était pourvue, et ce n'étaient
sûrement pas les seules. On trouve un maire et un doyen à
la Châtaigneraie, au moment de l'affranchissement collectif,
et ils y étaient constitués antérieurement[2]; un maire aux
Batignoles (? Balneoli), en 1270[3]; un maire à Celles, dans le
diocèse de Sens, en 1264[4]; un maire à vie de Montgilard et
Travers, en 1263[5]; un doyen de Travers, dont le *doyenné*

---

[1] *Grand Pastoral*, l. I, 17.
[2] *Ibid.*, l. III, 6.
[3] *Ibid.*, l. III, 30.
[4] *Ibid.*, l. VII, 42.
[5] *Ibid.*, l. VII, 45.

avait été *saisi* pour une citation faite sans le mandat d'un délégué du chapitre [1], et qui, quatre mois après, paye une amende au chapitre pour une nouvelle contravention de ce genre, mais sans qu'il soit question de lui enlever son emploi, transformé, comme on le voit, en une sorte de fief, ainsi qu'il arrivait parfois pour des prévôtés et sergenteries normandes [2]. On trouve encore, en 1272, un maire de Viry, en Vermandois, qui *résigne* son office et en *abandonne* tous les droits au chapitre [3]. Trois ans plus tard, une contestation entre le chapitre et un certain Guyard Leclerc, touchant la *propriété* de cette mairie, fut remise à deux arbitres, l'abbé Mathieu de Saint-Denis (l'ex-régent de France!) et le bailli de Normandie, qui l'adjugèrent au chapitre [4]. En 1276, cette *mairie* fut *prise à ferme* pour trois ans par un *écuyer*, Bernard de Synicourt, et, en 1281, par un nommé Gilles de Marpins. On voit encore un maire de Compans recevoir gratuitement sa charge du chapitre de Notre-Dame, mais avec l'engagement de *s'en démettre* à la première sommation : cet engagement est mis sous la garde de l'official de Paris [5], tant le principe de l'inamovibilité et par suite de l'indépendance était tenu pour incontestable [6].

Sortons maintenant des domaines de l'Église de Paris. Vers la même époque (en mars 1205), les moines de Saint-Père de Chartres, soutenant, devant le bailli d'Orléans, que les habitants d'Abouville sont leurs *hommes de corps*, ne réclament cependant comme leur dû que *quatre deniers de cens* personnel, payable par chacun d'eux, et *trois corvées par an* de chaque *possesseur de chevaux*, avec le droit de justice et de mouture au moulin banal [7]. Sous le régime monarchique du XVIIIe siècle, les paysans du lieu se seraient trouvés fort heu-

---

[1] *Grand Pastoral*, l. VII, 47 (décembre 1267).

[2] Léop. Delisle (*ubi supra*), pp. 43, 383. En Normandie aussi, et à plus forte raison, des paysans assistaient aux plaids (p. 6).

[3] *Grand Pastoral*, l. XII, 17. Cf. l. XVI, 17 pour celui d'Iteville (1267).

[4] *Ibid.*, l. XII, 22 et 23, et, pour les faits qui suivent, 24 et 25.

[5] *Ibid.*, l. XIV, 18 (1267).

[6] *Ibid.*, l. VII, 41. Voy. encore l. II, 2, l. III, 57, et surtout les chapitres 47 et 48 de la préface de M. Guérard, l'éditeur de ce Cartulaire, dans la Collection de Documents inédits.

[7] *Cartulaire de Saint-Père de Chartres*, IIIe partie, n° 137. — Au sujet de ces sortes de droits, voy. aussi Léop. Delisle, *ubi supra*, chap. III, et particulièrement pp. 64, 77, 78.

reux d'être ramenés aux trois jours de corvée du xiiie siècle
féodal; trois jours, c'est aussi la taxation des prestations en
nature au xixe, avec cette réserve qu'ils sont dus en nature
et en argent par tous les citoyens et non pas seulement par
les possesseurs d'attelage, soumis à une prestation spéciale;
malheureusement tous les seigneurs n'étaient pas de paisibles
religieux, et tous les paysans de France n'habitaient pas
Abouville. Du reste, à l'issue de ce débat, la paroisse fut
affranchie par le couvent, en présence du bailli d'Orléans,
très-grand personnage dans l'État et qui n'avait pas cru
déroger en réglant par une sentence les *droits respectifs* des
moines et de leurs *serfs*. Les conditions de la liberté donnée
étaient relativement assez douces; c'étaient le payement des
redevances *accoutumées* (non arbitraires comme on l'a vu),
deux corvées par an pour les possesseurs de chevaux, mais
rétribuées en nature, suivant l'usage, le droit de mouture, le
droit de justice et un abonnement collectif annuel de *dix* livres
tournois qui, sans doute, comme à Orly, représentait une
taille abolie. Le même couvent *achète,* en 1281, la *mairie* héréditaire d'Emprinvile, village situé dans sa propre juridiction[1].

Nous retrouvons donc ici cette magistrature rustique que
nous a signalée et décrite le cartulaire de Notre-Dame; mais
il ne faut pas oublier que la *confusion* entre la souveraineté et
la propriété du sol est, s'il est permis de parler ainsi, un des
principes de la société féodale. Il en résulte que tout possesseur de domaine devait avoir une juridiction, et, s'il ne pouvait
l'exercer lui-même, elle se trouvait naturellement déléguée à
des habitants du sol. Or, de même que, graduellement et
presque insensiblement, l'exploitation héréditaire du sol se
transformait en droit héréditaire à cette exploitation, et par
suite le fermage arbitraire en un cens régulier, de même, en
vertu de l'immense pouvoir que le sentiment de la tradition
exerçait au moyen âge, un pouvoir héréditairement délégué
était peu à peu considéré comme irrévocable et par suite
indépendant.

[1] *Cartulaire de Saint-Père*, etc., n° 148.

§ 2. *Coutumes du nord de la France.*

Les domaines de l'église de Paris étaient fort étendus : on le voit à la simple inspection de son cartulaire, et celui de Saint-Père de Chartres est un dépôt assez important pour que l'on doive tenir un compte notable de la condition de ses colons dans l'appréciation générale du colonat à la fin du xiiie siècle. Il n'est pas possible d'admettre qu'il y eût opposition absolue entre le sort des hommes de ces églises et la condition commune des populations rurales de la France centrale. Sans doute la condition des serfs d'église ne peut, à aucune époque, être assimilée à celle des serfs de la féodalité laïque. Dès le ixe siècle, les premiers, ainsi que les serfs du fisc, vivaient dans une condition exceptionnellement favorable; néanmoins, il est impossible que les effets de l'enseignement chrétien, plus efficaces sur le clergé, fussent nuls sur les autres seigneurs, qui, après tout, partageaient les mêmes croyances et d'ailleurs avaient sous les yeux les résultats salutaires, même au point de vue économique et social, que le travail libre en droit ou en fait et la possession héréditaire, sinon la propriété absolue du sol, produisaient sur les terres privilégiées. C'était d'ailleurs un usage généralement répandu que de reconnaître les droits de personnes civiles à tous les groupes de populations rustiques. « Bien que nos paroisses rurales, dit M. Delisle, ne fussent pas, au moyen âge, organisées en communes, c'est-à-dire qu'elles n'eussent point de magistrats municipaux, les habitants n'en avaient pas moins des intérêts communs à sauvegarder. A certains égards, entre les hommes d'une paroisse..., il était formé une véritable communauté, reconnue non-seulement par les intéressés, mais encore par les étrangers. Ordinairement on désignait par l'expression *le commun* l'ensemble des habitants entre lesquels existaient ces rapports. Ces communs exerçaient la plupart des droits qui appartenaient aux véritables communes, mais ils n'avaient ni chefs ni conseils, auxquels fût délégué le soin de veiller aux intérêts de tous. De cette manière, chacun des intéressés devait intervenir toutes les fois qu'il y avait une décision à prendre [1]. » Et, à ce propos, l'auteur cite un texte curieux et précis des *Coutumes du Beauvoisis*, rédigées, comme on sait, par Beaumanoir, en plein xiii* siècle, attestant qu'on recevait en justice les procureurs (délégués) de lieux où il n'y avait point de commune [2]. Il rappelle aussi des actes assez nombreux de la cour de l'Échiquier, c'est-à-dire du Parlement de Rouen, où sont mentionnées des sommes dues par des communautés de paysans, qui faisaient judiciairement reconnaître quels services le seigneur pouvait exiger d'eux [3]. Sous Philippe-Auguste, Louis VIII et saint Louis, l'Échiquier eut souvent à juger des procès où l'une des parties était une *communauté d'habitants*. Le sujet de ces procès était le plus souvent le payement des rentes et des *aides*, la demande de diverses corvées, la réclamation de droits d'usage. Ainsi non-seulement la servitude personnelle n'existe plus, mais les redevances sont si peu arbitraires que, dans le cas de réclamations exagérées ou de refus illégitimes, c'est le tribunal souverain de la province qui seul est compétent pour juger, du moins en dernier ressort, entre des paysans et leur propre seigneur, absolument comme s'il s'agissait d'un différend entre un comte d'Évreux et un sire de Tancarville ou de Montgommery. Je dis bien *paysans*, car, parmi les *trente-trois exemples*, répartis dans la première moitié du xiii* siècle, que l'auteur cite en note, je ne trouve *qu'une seule ville* proprement dite, celle de Pont-Audemer; plusieurs de ces communautés de plaideurs ne sont pas même désignées par des noms de localités, mais par la qualification d'*hommes* d'un tel, tant il est vrai que cette désignation, du moins dans ce siècle et ce pays, ne supposait pas la servitude. Sous Philippe le Hardi, les populations de diverses paroisses sont requises pour le service militaire, directement, et non comme contingent de troupes féodales [4]; d'autre part, les tailles votées et levées par les communautés rustiques pour leurs propres

---

[1] *Études sur la condition de la classe agricole*, etc., p. 137-9.

[2] *Ibid.*, p. 139. Beaumanoir se sert du mot *vile*; mais M. Delisle fait observer un peu plus loin (p. 148) que *villa* représentait alors le territoire d'une paroisse, considérée dans ses rapports civils et féodaux.

[3] *Ibid.*, p. 140. Pas un des lieux désignés en note n'est une ville, et il y en a une dizaine.

[4] *Ibid.*, p. 148.

besoins étaient payées par tous les habitants, nobles ou vilains[1] :
c'est Beaumanoir[2] qui nous le témoigne, et par conséquent
le fait ne peut se rapporter uniquement à la terre privilégiée
de Normandie.

§ 3. *Législation générale.*

Des conclusions plus étendues peut-être découlent de la
lecture des *Établissements* (posthumes?) de saint Louis. Nous
examinerons plus loin ce qu'il faut penser de l'*action* permanente du pouvoir royal en ce qui concerne les populations agricoles ; ce que nous recherchons en ce moment, ce sont les
témoignages des actes législatifs sur leur condition dans la
France centrale. Les *Établissements*, loin d'être adressés à la
France entière, ne concernent pas même directement la totalité des provinces déjà nombreuses qui formaient alors le
domaine royal : au titre d'*Establissements* les manuscrits
ajoutent ces mots : *selon l'usage de Paris et d'Orléans et
de la court de baronie* ; mais ils furent appliqués plus ou
moins immédiatement à la coutume d'Angers[3], sinon à tout
l'ancien domaine des Plantagenets. En fait, c'est une rédaction
de coutumes plutôt qu'un code nouveau.

Un détail qui doit frapper d'abord, à la lecture des *Établissements*, c'est l'emploi permanent du mot *Coustumier*, pour
désigner les hommes qui ne sont pas nobles[4]. Le nom de
Coustumes, employé pour représenter des redevances variées,
distinctes du *Cens* proprement dit ou fermage perpétuel[5],
mais imposées comme lui aux cultivateurs du sol, est bien
connu au moyen-âge. Ces coutumes pouvaient être plus ou
moins onéreuses, mais la fixité dans le mode ou dans le chiffre
du prélèvement, rappelée par leur nom même, était une garantie sérieuse, sinon absolue contre deux graves périls. D'abord
contre l'imposition de charges d'une nature nouvelle, garantie

---

[1] *Études sur la condition de la classe agricole*, etc., p. 148. — Pour la propriété et la jouissance de terres communes en Normandie, même à une époque reculée, voy. pp. 142-3, 156-66.

[2] Renvoi au chapitre xxv, n° 16, de Beaumanoir, par M. Delisle.

[3] V. les notes de l'édition comprise dans le t. II du *Recueil des anciennes lois françaises* (in-8°), par Jourdan, De Crusy et Isambert.

[4] *Coustumier* est expressément opposé à *gentilhomme* au chap. 65 du l. II; cf. I, 82.

[5] Voy. spécialement I, 96.

fort importante aux yeux des économistes qui croient que les meilleurs impôts sont ceux qui, entrés depuis longtemps dans les habitudes des populations, sont acquittés par elles sans difficulté ni répugnance [1] ; puis contre l'avidité du seigneur, en ce qui concerne la quotité de la taxe, qu'elle fût absolument fixe ou proportionnée aux rendements de la terre [2]. Pour comprendre la valeur de cette garantie, fondée sur une tradition immémoriale et uniforme, il suffira de songer un instant à la condition des fermiers irlandais sous le régime du bail à volonté, perpétuellement menacés de l'éviction, s'ils n'accroissent pas leur fermage au gré du maître, dès que, par leur bonne culture, ils auront accru le produit du sol, ou simplement dès qu'un voisin famélique en aura *offert* un fermage plus élevé que le leur [3]. Le retard même du payement des cens et coutumes, n'était pas, en France, suivant la législation du xiiie siècle, un motif suffisant d'éviction; il faisait seulement encourir le payement d'une taxe supplémentaire, à titre d'amende ou de dommages-intérêts; mais la reprise de la terre par le seigneur n'était autorisée que si le cultivateur l'avait laissée sept ans en friche [4], c'est-à-dire, en réalité, jamais ; cette disposition était inscrite dans la loi pour garantir le domaine suprême du seigneur, bien plutôt que pour menacer la possession perpétuelle de la terre par le cultivateur.

Il est clair qu'un état si voisin de la propriété même du fonds, et garanti par la loi contre la spoliation exercée sur les produits, constituait, pour la population agricole, une condition civile très-différente de celle des anciens serfs. Ce *mot* n'a pas disparu cependant ; il se trouve dans les *Établissements*, et l'on peut se demander s'il ne représente pas une classe différente des Coutumiers, et bien plus malheureuse. Il serait difficile peut-être de nier qu'il en fût ainsi en certains lieux, et que la distinction entre les hommes de corps et les mainmortables eût entièrement disparu en 1270. M. Guérard [5],

---

[1] Voy. le début d'un article de M. Calmon, dans le *Correspondant* du 25 oct. 1865.

[2] Le cens était effectivement relatif, mais non arbitraire; cela résulte d'un passage des *Établissements*, I, 100.

[3] On peut voir ce qu'en écrivait encore, *il y a six ans*, le P. Carbonnelles (*Études religieuses*, février 1869, p. 163-4), et je n'ose assurer qu'il y ait eu changement depuis lors.

[4] *Établ.*, I, 162.

[5] *Biblioth. de l'École des chartes*, 3e série, t. II, p. 28.

après avoir rappelé que Beaumanoir constate encore l'existence des premiers, dit seulement que cette condition « tomba en désuétude à partir du xiii° siècle, et se convertit peu à peu en mainmorte, non-seulement dans le Beauvaisis, mais encore dans *la plupart* des pays de France. » Mais des chartes d'affranchissement de cette époque, ces chartes d'Orly et de Vitry que nous avons étudiées, appliquent aux mêmes populations les expressions de servage et de mainmorte, que la pratique, ce semble, ne distinguait presque plus ; les hommes de corps d'Abouville (V. *supra*) étaient certainement des mainmortables. Il y a plus : le terme de servage est si bien compatible alors avec l'usage effectif et certain de la liberté personnelle qu'on le trouve dans les *Établissements*[1] appliqué à la condition de certains gentilshommes. Voici ce texte curieux :

« Se aucuns hons vient à son seigneur, *soit gentilhons ou coustumiers*[2], pourquoy li sires ait voierie[3] en sa terre, et li die : « Sire, « uns riches hons est venus à moy, ou de pré, ou de vignes ou de « terres, ou de cens, ou d'autres choses ma dessaisi de nouvelle » desseisine, *que je exploitié* au seu et au veu, *en servage de seignor*, « jusques a ores que il men a desseisi à tort et à force, donc je vous « pri que vous preigniez la chose en vostre main, » li sire doit respondre : « Si feroy-je, se vous mettez pleige à poursuivre le plet. »

En admettant, ce qui est en effet probable, que le mot *servage* ne s'appliquât point, dans l'usage commun, à une tenure noble, le langage que le rédacteur des *Établissements* met indifféremment dans la bouche d'un gentilhomme ou d'un coutumier, nous fait entendre du moins qu'entre leurs conditions il n'existait point alors une opposition comparable à celle qui existait antérieurement entre la servitude de corps et la liberté. Pour le gentilhomme et pour le coutumier, dessaisi à tort d'un bienfonds par une tierce partie, l'instance devant leur seigneur immédiat est la même, et les plèges « bons et suffisants selon que la querelle sera grande, » c'est-à-dire les cautionnements proportionnés à la valeur de l'objet contesté, sont demandés indifféremment à l'un ou à l'autre. Ici donc, comme après

[1] L. I, chap. 65.
[2] La règle de l's montre que ces mots se rapportent grammaticalement à *hons* (homme) et non à *seigneur* ; c'est le gentilhomme ou coutumier qui tient le discours qu'on va lire.
[3] C'est-à-dire *basse justice* ; voy. I, 38, et l'interprétation des éditeurs.

l'étude des chartes et bien que par une voie différente, nous arrivons à la même conclusion, savoir que *l'exercice* du droit de propriété, sinon toujours et absolument ce droit lui-même, appartenait dès lors aux cultivateurs[1]. La condition à laquelle l'héritage des terres de mainmorte était soumis (l'association de l'héritier direct)[2] étant impossible à réaliser quand le père laissait des enfants mineurs ou des héritiers collatéraux, et d'autre part une certaine accumulation de capitaux dans les familles de paysans étant un fait incontestable, il y a lieu de penser que cette condition n'était pas communément exigée, et que la transmission des terres par voie d'héritage était le fait général.

Pourtant on ne peut nier que les seigneurs ne fussent reconnus en droit de réclamer leurs serfs émigrés, même sur la terre du souverain. Les *Établissements* l'affirment[3], tout en déclarant que, pour la restitution du serf, des preuves juridiques seront exigées, que la réclamation d'un seigneur, si elle n'est pas justifiée, sera punie d'une amende, et que, dans le cas de doute, on doit prononcer en faveur de la liberté. Quelque importantes que soient ces restrictions, elles n'annulent pas le principe de jurisprudence; seulement il faut toujours se demander *ce qu'on entend alors par servage*. Le chapitre 96 va nous aider à l'éclaircir :

« Se gentilhons a hons mesconneu (inconnu) en sa terre, se il *servoit le gentilhons* et il morust, li gentilhons en auroit la moitié de ses müebles, et se il muert sans hoir et sans lignage, toute ses chose seront au gentilhon. Mès il rendra sa dette et s'aumosne[4]. Et se li mesconneus avoit conquises aucunes choses sous autre vavassor que sous celui à qui il seroit hons, li autres sires ni auroit rien par droit, mès il ne perdroit pas *le cens ne les coustumes* du (de) saingnieur, ains conviendroit que li sires li en baillast hon coustumier qui *le servist*. »

Ce coustumier qui *servoit* un gentilhomme n'était donc pas un *serf* de corps, puisque, sauf un droit de mutation énorme, il laisse ses biens à son *lignage*, ou même, en général, à ses *hoirs;* et d'autre part, le vavasseur ne réclame de lui que *cens*

---

[1] Sauf le droit d'aliénation, bien entendu.
[2] Voy. Guérard, *Biblioth. de l'École des chartes*, 3e série, t. II, p. 27.
[3] L. I, 5; l. II, 31, 37.
[4] C'est-à-dire sera chargé de ses dettes et de ses offrandes charitables.

et coutumes. Donc le mot *servist,* employé dans la dernière ligne de notre texte, ne représente que les corvées et services du tenancier, tels, par exemple, que la garde du château, dont il est question au chapitre 53[1], et non une servitude personnelle et domestique, ni même la culture forcée de champs dont il n'aurait pas les fruits. Ainsi ce que le seigneur devait *réclamer du fugitif,* ce n'était pas la disposition exclusive de sa personne et de son labeur, c'étaient des *redevances* de toute sorte, c'était la *culture* des terres dont il percevait le fermage et qu'il craignait de voir tomber en friche, si la désertion devenait générale.

Enfin le vavasseur, qui n'avait pas le droit de faire lui-même justice, si ce n'est en certains cas, bien qu'il pût présider à des combats judiciaires[2], le vavasseur qui pouvait avoir des hommes de corps bien qu'il fût aussi parfois distingué des gentilshommes[3], se rapprochait assez du simple tenancier libre pour que l'on conçoive comment, en Normandie, il fut identifié avec lui[4]. De même, d'après les *Établissements,* le coutumier était admis à *acquérir* lui-même *un fief* et à en faire hommage[5].

La juridiction seigneuriale sur le vilain ou coutumier était incontestée, et celui-ci ne pouvait même en appeler pour faux jugement, comme on disait alors ; mais les principes de dignité naturelle, qui, par les *Décrétales* et le *Digeste,* invoqués en divers passages des *Établissements* dits de saint Louis, minaient incessamment le droit féodal, introduisaient à cet égard des restrictions plus ou moins vagues, présage de la prochaine victoire du pouvoir royal.

« *Nus hons coustumiers,* dit ce code, ne puet jugement fere froissier (fausser, annuler), ne contredire. Et se ses sires li avoit *fet bon jugement et loial,* et (qu'il) demandast amendement du jugement, il feroit au seigneur amende de la loy de 5 sous ou 6 sous et demy[6], selon la coustume de la chastelenie. Et se il avoit dit à son seigneur :

[1] Voy. aussi Léopold Delisle, *ubi supra,* pp. 102 et 140.
[2] Cf. chap. 31 et 38 du l. Ier, et 32 du l. II.
[3] L. II, 34.
[4] Voy. Léop. Delisle, *ubi supra,* p. 3-7 ; cf. p. 33.
[5] L. I, 143 : il pouvait même, en ce cas, du moins, obtenir du seigneur de faire hommage pour la totalité de ses biens.
[6] Le *sou* représentait alors, en *valeur intrinsèque,* environ 90 centimes. Voy. Natalis de Wailly, *Mém. de l'Ac. des Inscript.,* t. XXI, part. II, p. 296-7. Cf. p. 135, 155, 172-3. Il est clair que la valeur réelle était énormément supérieure.

Vous mavez fet faux jugement, et le jugement fust bons et loiaus,
il feroit au seigneur 60 sols d'amende, et a tous ceulx qui auroient
esté au jugement, qui *seroient gentilhons ou* qui auroient *flé* [1]. »

On voit combien le langage est ici embarrassé. Après avoir
énoncé comme doctrine légale que l'appel ne peut être formé
par un vilain du jugement seigneurial, le rédacteur suppose
constamment, dans le développement de l'article, le cas où le
jugement serait équitable. La peine encourue par l'appel ne
s'applique qu'à ce cas-là, ce qui suppose manifestement un
examen quelconque, fait à la cour du Roi ou de son représentant, du jugement et de la cause; de plus, l'annotateur des
Anciennes lois françaises rappelle que, d'après Des Fontaines et
Beaumanoir, cette sorte d'appel était formellement reconnue
en certains pays; et si, ailleurs, le tenancier ne pouvait en
appeler du jugement de son seigneur, il pouvait au moins le
prendre directement à partie en matière civile, pour dette,
promesse ou convention, et porter la cause « en la court le
Roy... » « Li sires nen aura mie la court, car unes sires ne doit
estre juge ne dire droit [2] en sa propre querelle [3]. » Et le texte
ajoute qu'il en sera de même si c'est le seigneur qui se plaint
de son homme pour fief, héritage ou autre cause, « car à ce
jugement faut trois chose et sont nécessaire : juges, deman-
dans et deffandans. » Elles ne s'y trouveraient pas, si le
seigneur faisait rendre, dans sa propre cour, un jugement
sur sa propre réclamation [4]. Or, rien n'indique une distinction à établir entre le gentilhomme vassal et le simple tenancier ou coutumier, dans ces cas d'incompétence de la cour
seigneuriale.

Je serais désolé si aucun lecteur m'attribuait la pensée de
vouloir faire considérer comme acceptable, à aucun degré, la
condition civile des paysans du xiiie siècle, je ne dis pas dans le

---

[1] *Établ.*, I, 138. Il y avait donc des fiefs qui n'étaient pas tenus par des
gentilshommes (V. *infra*), sans doute quelques-uns de ces vavasseurs dont
nous parlions tout à l'heure, et d'autre part il n'était pas nécessaire d'être
gentilhomme pour juger des vilains dans une cour féodale. Les 60 sols en
question valaient bien un millier de francs d'aujourd'hui.

[2] *Jus dicere.*

[3] *Établiss.*, l. II, 27.

[4] On sait que la composition de la cour féodale était assez arbitraire, et
par suite offrait des garanties fort insuffisantes. Voy. Guizot, *Cours de 1830*,
X^e leçon, *sub finem.*

2

présent, ce qui serait de l'idiotisme pur et simple, mais même dans le passé. Toute restriction au droit de propriété est contraire au droit naturel, et au degré, quel qu'il soit, où elle existe, elle est un lamentable obstacle aux progrès économiques d'un pays. Le droit naturel était bien plus odieusement violé encore, même avec la servitude la plus douce et à d'autres égards presque nominale, par les restrictions apportées à la liberté des mariages. On l'explique avec toute vraisemblance, mais on ne la justifie en rien, quand on fait observer que l'on voulait retenir sur la terre sujette à redevance les enfants issus de ces unions et en garantir ainsi la culture. Ce qu'il est permis de retenir des précédentes observations, c'est que la propriété de la personne signifie souvent alors celle des redevances qu'elle est assujettie à payer. Mais si l'horreur que doit inspirer partout et toujours une atteinte portée par les lois ou par les mœurs à la liberté naturelle, doit nous rendre sévères pour le passé, elle ne doit pas nous rendre injustes; et celui-là serait à plaindre qui ne trouverait pas un véritable soulagement à penser que, depuis longtemps déjà, quand le servage a cessé dans toute la France, le mal matériel et moral était en fait beaucoup moindre qu'on ne le croit communément, et que surtout il y avait un abîme entre le servage du moyen âge et l'esclavage antique, tel que l'ont pratiqué, pendant tant de siècles, les Grecs et les Romains.

III

PROGRÈS DE LA LIBERTÉ DANS LES CAMPAGNES
SOUS PHILIPPE LE BEL ET SES FILS.

L'époque de Philippe le Hardi n'est pas sans intérêt pour l'histoire des populations rurales, mais il ne paraît pas que leur condition légale ait changé durant ce règne, qui d'ailleurs ne comprend pas plus de quinze années; c'est donc dans un autre paragraphe qu'il conviendra d'y revenir. Au contraire, la grande ordonnance de Philippe le Bel, en 1298, bien qu'applicable seulement aux sénéchaussées de Toulouse et d'Albi, c'est-à-dire aux provinces méridionales réunies à la couronne par la mort du comte de Poitiers et de sa femme, Isabelle de Toulouse, porte abolition générale de la servitude pour tous les hommes du Roi dans cette contrée, servitude tant de *corps* que de *casalage*, c'est-à-dire attachée soit à la personne soit à la possession d'un fonds de mainmorte [1]. On remarquera, dans le texte de l'ordonnance, la distinction entre les communautés et les individus à qui la liberté est donnée [2]. Elle est importante en ce qu'elle montre, dans le midi de la France, ce que nous avons déjà remarqué dans le nord, savoir que, même avant leur affranchissement, les serfs pouvaient avoir et gérer des intérêts communs, former collectivement de véritables personnes civiles; nous les avons vus, à ce titre, ester même en justice. On ne saurait, quand on étudie l'histoire des derniers siècles du moyen âge, apporter une attention trop scrupuleuse à ce principe d'association, universellement reconnu alors, et considéré, ce semble, comme un droit naturel, qui permettait l'exercice effectif des droits civils à des hommes que, dans l'état des lois et des mœurs à cette époque, l'isolement eût livrés à toutes les iniquités de la force, sans autre défense que la protection morale de l'Église, considérable sans doute, mais pourtant beaucoup moins obéie alors qu'on ne le croit communément.

Du reste l'ordonnance d'affranchissement que nous étudions ici, contient, comme l'a fait observer M. Boutaric (*ubi supra*), autre chose que l'affranchissement lui-même. Elle grève d'un cens de douze deniers tournois [3], pour chaque septerée de terre, les serfs de casalage affranchis par la volonté royale; mais, par la même disposition, ces terres, jusque-là de casalaga ou

---

[1] Dans ce dernier cas, on pouvait recouvrer sa liberté en abandonnant la terre, mais ordinairement les deux modes de servage coexistaient chez le même individu. (Guérard, *Biblioth. de l'École des chartes, ubi supra*, pp. 26 et 27. — Boutaric, *la France sous Philippe le Bel*, l. VI, ch. III.)

[2] « Omnes universitates et singulas personas Tolosanæ et Albiensis senescalliæ cum earum progenie..... *in quibus aliquod jus habemus*,.. ratione vel occasione servitutis quæ de corpore tantum, vel de casalagio tantum dicitur, aut etiam de utroque... natalibus et plenæ libertati ac ingenuitati restituimus. » Les mots soulignés ici font comprendre qu'il s'agissait des serfs du roi et non de tous les serfs compris dans les limites de ces deux sénéchaussées; mais nous verrons tout à l'heure que l'exemple fut suivi.

[3] C'est-à-dire un sou tournois. Nous avons vu, un peu plus haut, ce que représentait cette monnaie.

de mainmorte, sont déclarées emphytéotiques. Or, ajoute l'auteur, « on sait que l'emphytéose[1] était un bail à long terme, révocable seulement par suite de la cessation du payement de la rente; or, ici, il n'y avait point de terme fixé; il en résulta que les serfs du Languedoc non-seulement reçurent la liberté, mais encore *devinrent propriétaires*[2]... En 1303, cette mesure fut étendue aux sénéchaussées d'Agenais, de Rouergue et de Gascogne. Le Roi donna, la même année, pouvoir à G. de Gilly d'affranchir ses hommes de corps dans le bailliage de Caen[3]. Cet exemple fut suivi par les seigneurs, dont un grand nombre émancipèrent en masse leurs serfs; les affranchissements individuels ne furent pas moins fréquents. » D'après ce que nous avons vu plus haut, les hommes de corps ne devaient plus exister que nominalement et en petit nombre dans un bailliage normand; mais l'extension de l'affranchissement général à plusieurs sénéchaussées d'Aquitaine et le grand mouvement communiqué aux seigneurs par l'initiative royale, sont des faits de haute importance, qui suffiraient, même en dehors de ceux dont nous parlerons tout à l'heure, pour signaler comme une heureuse période dans l'histoire de nos campagnes celle que nous parcourons ici. Les maltôtes levées par Philippe ont passé, et la liberté est restée.

Mais, avant d'aller plus loin, il nous faut examiner de près l'explication que donne le savant collaborateur de la *Revue* au sujet d'un fait signalé par lui dans le même passage.

« Ces manumissions, dit-il, soit générales, soit particulières, n'étaient valables qu'après avoir été confirmées par le Roi. Cet usage n'était pas nouveau; on le trouve établi sous saint Louis[4], et il existait sans doute longtemps auparavant. Ces confirmations ne s'obtenaient qu'en payant un droit; elles n'avaient même d'autre origine et d'autre objet que le payement de ce droit. Le serf.... faisait en quelque

---

[1] Le sens étymologique du mot est *implantation*.

[2] On pourrait donc dire que c'est la terre et non la liberté, qui est ici vendue.

[3] *Trésor des Chartes*, reg. XXXV, n° 48.

[4] « Nus vavasor ne gentishons ne puet franchir (affranchir) son hom de cors en nulle manière sans l'assentement du baron ou du chiefseigneur, selon l'usage de la cort laie (*Établ.* II, 34). » Les cours ecclésiastiques ne reconnaissaient donc pas cette restriction.

sorte partie du sol sur lequel il était *couchant et levant....*
L'affranchir c'était... lui permettre de quitter la glèbe à laquelle
il était attaché ;.... c'était *abréger le fief*, et, comme du Roi
relevaient tous les fiefs, c'était nuire au Roi que d'affranchir
un serf. De là, nécessité de la confirmation royale, et partant
d'une indemnité ... Cela explique pourquoi les registres de la
chancellerie renferment un si grand nombre de confirmations
d'affranchissements faits dans les provinces les plus éloignées [1]. La plupart de ces actes, qui étaient les titres les plus
précieux des gens du tiers état, puisqu'ils constataient leur
liberté, étaient rédigés en français. »

Que tel fût le motif de l'autorisation demandée et du droit
perçu, cela ne paraît pas contestable; mais en réalité, le fief
était-il *abrégé* par l'affranchissement, perdait-il de son produit et de sa valeur intrinsèque? ceci est beaucoup moins
clair. S'il ne s'agissait que de la culture du sol, on aurait
grand'peine à l'admettre : les bras (nous le verrons ailleurs)
ne manquaient point en France avant la guerre de Cent ans;
l'industrie était loin d'absorber alors le travail national; et,
avec des communications si difficiles, avec des habitudes si
casanières, un mouvement spontané de populations d'un point
du territoire à l'autre ne pouvait ni être prévu ni se produire.
Ce n'était donc pas *l'obligation de la culture*, essence du *colonat*
gallo-romain et du *servage* dans lequel il se transforma aux
temps barbares, ce n'était pas cette obligation jadis exigée avec
fureur après une dépopulation effroyable, qui devait alors pré-
occuper les tenants de la féodalité. C'était le payement du cens, à
prix non débattu, c'était l'obligation des corvées et services,
c'était le privilége d'hériter en cas de déshérence légale, privilége
susceptible d'être assez largement exercé sur les hommes de
mainmorte, c'étaient tous ces droits qui pouvaient paraître et
qui étaient, en un certain sens, des avantages pour les seigneurs. Mais on ne dut pas tarder beaucoup à comprendre, en
présence des faits, l'énorme supériorité du travail libre sur le
travail servile, de la culture d'un domaine héréditaire assuré
sur celle d'une possession souvent précaire; or l'accroissement

[1] L'auteur cite divers faits des années 1300, 1306, 1310, 1311, 1312, 1314. La
grande collection des *Ordonnances* contient un *vidimus* de Philippe III (daté
de mars 1284) pour l'affranchissement de deux paroisses par Ithier de Mengnac
et Agnès, son épouse.

de la prospérité générale d'un pays ne peut manquer de se faire sentir de la façon la plus heureuse aux grands propriétaires du sol, indirectement dans tous les cas, directement quand ils se sont réservés, comme dans les affranchissements du xiii° siècle, une part de ses produits, sous forme de cens, tailles ou coutumes. A plus forte raison le Roi, représentant l'État, dut-il profiter plutôt que perdre, même au point de vue économique, aux conditions nouvelles du travail et de la population agricole.

Dix-sept ans après l'ordonnance que nous venons d'étudier, un acte bien plus fameux vint l'étendre au domaine royal tout entier et l'élever à la hauteur d'un principe, tandis qu'un acte presque simultané confirmait ce que nous avons vu jusqu'ici touchant le caractère alors attribué à la condition servile, considérée bien plus comme matière à revenus assurés que comme état de sujétion personnelle. On sait que, vers le temps de la mort de Philippe le Bel, le mécontentement excité par le gouvernement de ses dernières années se traduisit, en divers lieux du royaume, par des réclamations plus ou moins menaçantes, auxquelles son successeur, Louis X, s'efforça de donner quelque satisfaction par une série d'ordonnances. Le mois de mai 1315 en vit paraître plusieurs, adressées aux nobles de Vermandois, à ceux de Bourgogne, aux habitants du comté de Champagne, réuni au domaine royal par le mariage de Philippe le Bel. Or nous lisons dans ce dernier acte (art. 9) :

« Sur ce que il disoient que leur homme taillable *ou* de main-morte *ou* de formariage, ou abonnez, ou de jurée [1] se partoient dessous eux et venoient en nostre jurisdiction, nous ne les poons ne devons retenir, ains ont accoustumé de *les suir* (suivre), *en levant* d'eux par chascun an leurs tailles, formariages et main-morte quand elle y échoient. — Nous leur avons accordé et octroyé que les dits hommes nous ne retenrons point. » — Et (art. 12) « Sur ce qu'il disent que quand un lor homme ou femme de serve condition se marient à aucune femme ou homme de nostre jurée et (*sic*) sont empeschié que il ne *lièvent* de leurs dits hommes et femmes, fors tant que dure sa jurée, — nous voullons que le dit empeschement cesse du tout et que il puissent *exploiter* lors dis hommes et femmes comme ils ont anciennement accoustumé. »

[1] Redevance annuelle payée, en Champagne, par les nouveaux affranchis. (Demante, *ubi supra*, p. 41.)

On le voit : dans la pensée de Louis X et de ses contemporains, poursuivre un serf passé sous la juridiction du Roi, c'est beaucoup moins réclamer l'autorité sur sa *personne* que vouloir sauvegarder par sa présence le maintien des *redevances* qu'il doit acquitter. En soi, la prohibition du mariage hors du fief est une atteinte au droit naturel; mais le seigneur la considère surtout comme une occasion de lever une taxe, *d'exploiter*, comme le dit le texte de l'ordonnance. Il est permis d'en conclure que, dans la pratique, le mariage projeté se faisait presque toujours, sinon toujours, quand les parties ou leurs parents étaient en mesure de *payer le droit du seigneur*.

Néanmoins tout restait subordonné à une volonté arbitraire. Louis X avait senti qu'un pareil état de choses, quelque adouci qu'il fût par les mœurs publiques, restait une offense au genre humain, et, le 3 juillet de la même année, il rendit cette célèbre ordonnance où il traduisit en une formule immortelle une doctrine qui, si j'ose le dire, sortait depuis bien plus d'un siècle, par tous les pores de la société française et minait à toute heure les anciennes traditions du droit féodal.

« Comme *selon le droit de nature*, chascun doit *naistre franc* [1], dit le Roi, et par aucuns usages ou coustumes, moult de personnes de nostre commun pueple soient enchêues en lien de servitude et de diverses conditions, qui moult nous desplait, — par déliberation de nostre grand conseil avons ordené et ordenons — que generaument par tout nostre roiaume, de tant comme il puet appartenir à nous [2] et à nos successeurs, telles servitudes soient ramenées à franchise, et à tous ceus qui de orine (origine), ou ancienneté, ou de nouvel, par mariage ou par residence de lieus de serve condition [3] sont enchêues ou pourroient enchôir ou (au) lien de servitude, franchises soit données o bonnes et convenables conditions. »

Il est prescrit à des commissaires envoyés en chaque bailliage, « que à tous les lieus, villes et communautez et personnes singulières, qui ladite franchise vous requerront, traitez et accordez avecqueus de certaines compositions par lesquelles soffisant *recompensations* nous soit faite des *émoluments* qui desdittes servitudes pooient venir à nous et à nos successeurs. »

Ici encore, ce que l'on *paye*, c'est l'abandon par le Roi d'un

[1] Déjà Philippe le Bel avait dit : « *natalibus* ac plenæ libertati et ingenuitati restituimus. » (*V. supra.*)

[2] C'est-à-dire dans nos domaines.

[3] C'est le casalage de l'ordonnance de 1298.

avantage matériel plutôt que la liberté elle-même. Et, deux jours après, Louis, pour presser les paysans de profiter de cette ordonnance, frappait d'une contribution pour la guerre ceux qui n'en useraient pas.

Cependant le prix du rachat des redevances serviles n'était point fixé encore, et il était à craindre que, dans l'espérance d'être félicités pour bonne gestion, les délégués du Roi n'élevassent trop haut leurs exigences. C'est peut-être ce qui obligea Philippe V à rendre, trois ans plus tard, une nouvelle ordonnance dans le même sens (23 janvier 1318) [1] ; mais, quoi qu'il en fût de retards locaux ou personnels, une impulsion puissante était donnée, l'institution du servage était tout à la fois frappée et flétrie, et, si les lois sans les mœurs ont une valeur bien mince, comme le dit l'ancienne maxime, nous devons être maintenant convaincus que cette loi, rendue sur l'avis du conseil du Roi, les mœurs l'avaient depuis longtemps préparée : nul pas en arrière ne pouvait être à redouter.

IV

ACTION DU POUVOIR ROYAL SUR LA CONDITION DES PAYSANS. — L'ADMINISTRATION SUPÉRIEURE : PRÉVÔTS, BAILLIS ET PARLEMENT.

Indépendamment des grandes ordonnances qui prononcèrent l'émancipation des serfs du domaine, les progrès rapides et considérables de la puissance royale, au XIIIe siècle, procurèrent-ils à l'ensemble des populations rurales une protection efficace et permanente ? Il faut ici distinguer l'action de causes diverses. Le progrès matériel du pays en général, résultant d'une sécurité plus grande, d'une administration plus éclairée, fut, même avant les calamités de la guerre de Cent ans, plus ou moins contrebalancé par la progression des impôts et les fluctuations du taux de la monnaie, et d'autre part, les effets du régime féodal et l'organisation du système financier qu'il avait appliqué à toute la France étaient loin d'avoir dis-

---

[1] Voy. l'article cité de M. Guérard, *Biblioth. de l'École des chartes*, 3e série, t. II, p. 27.

paru subitement et devaient, dans une certaine mesure, se pro-
longer longtemps encore. La question est donc complexe, et
se dérobe à toute solution brève et tranchante. Examinons
d'abord ce qu'était cette juridiction supérieure qui, se super-
posant à la juridiction féodale, prétend faire pénétrer le regard
d'un maître là où se produisent les abus.

La surveillance des délégués du Roi était, au moins en théo-
rie, très-étendue et très-variée, quant aux objets qu'elle devait
atteindre, dès la seconde moitié du xiiie siècle. Les règles qui
lui étaient prescrites étaient généralement justes et intelli-
gentes; le nombre des agents, même d'un ordre supérieur,
était déjà considérable. Les dignitaires les plus élevés de
l'administration royale dans les provinces étaient les baillis
(nommés sénéchaux dans le midi de la France); au-dessous
d'eux étaient les prévôts (bayles dans les sénéchaussées). La
prévôté de Paris, indépendante de tout bailliage, formait une
juridiction à part, dont le titulaire portait le nom de premier
bailli de France [1], en souvenir des temps où le mot bailli
représentait, plus communément peut-être qu'alors, l'homme
investi d'une juridiction quelconque; il en fut de même à
Amiens [2]. Dès le milieu du xiiie siècle, il n'y avait pas moins
de seize bailliages dans les pays de langue d'oil [3], et il y eut dix
sénéchaussées dans les pays de langue d'oc; les prévôtés
étaient bien plus nombreuses encore, à l'époque où s'ouvre la
période que nous étudions [4] : on peut dire que le ressort d'une
prévôté était comparable à celui d'un de nos tribunaux de
première instance. Quelles que fussent alors la lenteur et la
difficulté des communications, une autorité si rapprochée des
justiciables ne pouvait pas rester inerte. Les prévôtés étaient
d'ailleurs divisées en sergenteries, qui représentaient non-
seulement un village, mais une certaine portion de territoire,
comme on le voit par une enquête du bailli de Caen, constatant que La Ferté-Mathieu est de la sergenterie de Domfront [5].

[1] Laferrière, *Hist. du droit français*, l. V., chap. ii, sect. iv, § 2.
[2] *Id., ibid.*
[3] *Id., ibid*
[4] Il faut observer que la Champagne était encore un comté distinct, et que
M. A. Lefèvre y signale, dans la seconde moitié du xiiie siècle, quatre bailliages,
comprenant une multitude de prévôtés. *Biblioth. de l'École des chartes*, IVe série,
t. IV, p. 419.
[5] Les *Olim*, t. 1, p. 207 (ann. 1265).

Les fonctions des sergents royaux ne sont nulle part, que je sache, nettement et complétement définies : partout alors l'autorité judiciaire, l'autorité financière, l'autorité militaire même étaient simultanément attribuées aux représentants du pouvoir souverain; parfois le titre de bailli était attribué même aux sergents [1].

Les appels des jugements rendus par des juridictions particulières étaient, dès le temps de Philippe le Hardi, portés devant les prévôts eux-mêmes, et non pas seulement devant les baillis. On peut le conclure d'un arrêt rendu, en 1281, par le Parlement, et qui décide que *les hommes d'Arconville* ne devront pas être contraints de plaider hors d'Arconville même, si ce n'est par *voie de ressort*, et que, dans ce cas, ils seront du ressort de Lorris [2]; or Lorris était le siége d'une prévôté et non d'un bailliage. Mais l'appel des jugements rendus par les prévôts eux-mêmes étant porté devant le bailli, on conçoit que les registres du parlement ne les mentionnent pas d'ordinaire, et que par conséquent leur nombre réel fut tout à fait hors de proportion avec les traces qu'on en trouve dans les *Olim*.

Les instructions royales étaient d'ailleurs, nous l'avons dit, favorables à l'exercice d'une bonne justice envers tous, d'une protection sincère à l'égard des faibles et des petits. La fameuse ordonnance rendue par saint Louis, en décembre 1254, pour la réformation des mœurs dans la langue d'oc et la langue d'oïl, ordonnance qui resta longtemps le type de la législation administrative, contient, à ce sujet, des dispositions qui méritent d'être citées.

« Les sénéchaux (ou baillis), dit-elle [3], *jureront* que, tant qu'ils tiendront le bailliage qui leur est confié, ils rendront justice tant aux grands qu'aux moindres, tant aux petits qu'aux étrangers, tant aux indigènes qu'aux sujets, sans acception de personnes ou de nations (art. 2). Si les baillis transgressent leur serment, ils seront

---

[1] Les *Olim*, t. II, p. 35 (ann. 1281).

[2] *Ibid.*, p. 186 (ann. 1281).

[3] L'exemplaire latin, imprimé dans le *Recueil des anciennes lois françaises*, est adressé aux sénéchaux de Beaucaire et de Cahors, mais toute l'histoire de la législation royale pendant le demi-siècle suivant, où elle se réfère à cette ordonnance, prouve que c'était une circulaire envoyée dans tous les bailliages. Voy. d'ailleurs la *Chronique* de Nangis (ann. 1254), et la traduction libre que Joinville donne de cette ordonnance.

punis par le Roi dans leurs biens, et, si la matière l'exige, dans leurs personnes. Les officiers inférieurs le seront par les baillis, sur le témoignage et même par le conseil de *bonnes gens* (art. 1). Ils jureront de ne *recevoir*, par eux-mêmes ni par autrui, don ni présent de qui que ce soit... sauf aliments et boisson, et encore pour une somme qui ne dépasse pas dix sous parisis [1] par semaine. Ils ne feront rien donner non plus à leurs parents ou conseillers ni à ceux de leur maison, et les empêcheront de rien accepter (art. 3). Ils ne pourront rien *emprunter* dans leur bailliage, ni de personne qui doive prochainement avoir à plaider devant eux, plus d'une somme de vingt livres (432 fr. 25); et ils ne pourront, même avec la volonté du préteur, la conserver plus de deux mois (art. 5). Ils jureront de ne faire ni envoyer aucun présent aux membres de notre conseil, non plus qu'à leurs femmes, enfants ou domestiques, ni à ceux qui *recevront leurs comptes*, ou à ceux que nous *enverrons* inspecter leur province ou *s'informer de leurs faits* (art. 6) [2]. — Un bailli ne peut, durant son administration, acheter aucune propriété dans son bailliage; s'il le fait, elle sera adjugée au fisc (art. 13). — Quand les bedeaux ou sergents sont envoyés dans les lieux éloignés, on ne doit pas reconnaître leur autorité (*eis non credatur*), sans lettres de leurs supérieurs (art. 18). — Nous ne voulons pas qu'aucune amende, pour méfaits ou pour dettes, soit levée par nos baillis, si ce n'est publiquement dans leurs assises (*in foro judiciario*), par jugement et estimation de bonnes gens, quand même elles auraient été préalablement l'objet d'un gage, à moins que l'accusé ne préfère le payement d'une amende désignée à un jugement, et que le délit soit tel qu'il comporte une peine seulement pécuniaire (art. 23). — Que les baillis et autres officiers tiennent leurs audiences dans tous les lieux accoutumés, de peur que nos sujets, grevés de fatigues et de dépenses, ne soient contraints de renoncer à leur droit (art. 25). — Nous voulons que tous les baillis, grands et petits (c'est-à-dire tous les officiers de justice), demeurent dans leur bailliage pendant quarante jours après l'expiration de leur charge, ou y laissent procureur suffisant, afin de répondre à ceux qui porteront quelque plainte de leur administration (art. 31). »

Environ trois ans après (janvier 1257-8), une ordonnance de Saint-Germain-en-Laye, prohibant les guerres privées, énonçait expressément le but de pourvoir à la sûreté de

---

[1] Ce sol parisis représentait alors 1 fr. 8 à 9 cent. en valeur *intrinsèque*. M. de Wailly, *Mém. de l'Ac. des inscr.*, t. XXI, part. II, p. 172.

[2] Cf. Geoffroy de Beaulieu (ch. XVI), la chronique de Nangis et le confesseur de la reine Marguerite. Un document de 1270 (*Olim*, t. I, p. 370) nous les montre en action. Le droit de condamner eux-mêmes les fonctionnaires coupables, leur est enlevé en 1281 (*Olim*, t. II, p. 188); on le voit cependant exercé en 1307 (*Ibid.*, t. III, p. 237), et reconnu par Louis X dans la première charte normande (19 mars 1316).

l'agriculture. Celle de 1259 reproduit en grande partie la première; et l'esprit, sinon la lettre, de l'ordonnance rendue en mars 1302-3 par un prince qui ne ressemblait guère à son aïeul, par Philippe le Bel, en offre encore une reproduction. Ainsi l'art. 16 exclut les sénéchaux et baillis du Conseil du Roi (auquel leur administration est subordonnée); l'art. 18 défend aux sénéchaux et baillis d'avoir, dans leur ressort, aucun prévôt, viguier ou juge qui leur soit uni par les liens du sang ou de l'éducation, « dans la crainte qu'ils ne décident moins loyalement dans les causes dont il sera fait appel. » Une ordonnance de Philippe V [1] résume, en quelque sorte, celle-là, et peu auparavant (1er avril 1315) Louis X avait confirmé au Languedoc toutes les libertés, immunités et coutumes constituées ou reconnues par son bisaïeul et son père. Dans les mois de mai et de juin, il adressait aux baillis des provinces la confirmation de la grande ordonnance de Philippe le Bel pour la réformation du royaume [2].

Deux observations se présentent à l'esprit, quand on lit ces déclarations répétées touchant les devoirs et les règles de l'administration royale. Il y a une tendance constante de la part du pouvoir à se constituer protecteur des faibles : ce que Louis le Gros avait si courageusement ébauché, la lance au poing, comme juge suprême, se continue par voie administrative sous le règne de ses héritiers, quel que soit d'ailleurs leur caractère personnel. Mais, d'autre part, le renouvellement de prescriptions semblables ou analogues entre elles, à intervalles plus ou moins moins éloignés, et bien plus encore la nature des abus contre lesquels protestent les Rois, dans des articles que nous trouverons plus loin, donnent une assez triste idée de la valeur effective de ces garanties.

« Les baillis, dit M. Beugnot [3], au sujet de l'ordonnance de 1303, s'accoutumèrent aisément à tenir peu de compte des usages, des traditions et du droit, quand il s'agissait de faire triompher une prétention du trône, et à ne rien placer au-dessus du succès; ils transmirent cet esprit à leurs subordonnés, qui bientôt se crurent tout permis contre les seigneurs et même contre le bas peuple,

[1] *Ord. des rois de France*, t. XII, p. 449.
[2] *Ordonnances*, t. XI, p. 433. — Cf., p. 439, la confirmation, par le même souverain, de celle de 1254.
[3] Préface du 3e vol. des *Olim*, p. XLIII.

dont cependant ils avaient pour première mission de défendre les personnes et les biens. Les clameurs des populations arrivaient sans doute jusqu'au pied du trône; le Roi voyait l'injustice et cherchait par des ordonnances, des mandements, des lettres expresses à la réprimer; mais *la forme du gouvernement et de l'administration* était si imparfaite; l'usage *d'inféoder* ou de *vendre* certains offices de judicature [1] opposait à toute amélioration de si puissants obstacles; les prévôts, les vicomtes, les sergents contractaient, dans l'exercice de leur pouvoir militaire, un si grand *dédain des formalités juridiques et l'esprit général de la société* était tellement enclin à *l'emploi de la force*, que les lois émanées du trône, malgré la solennité qui les entourait et leur incontestable utilité, tombaient dans l'oubli, après avoir causé une sensation passagère. »

J'ai cité ce long passage de l'un des hommes qui ont connu le plus à fond la pratique des institutions durant cette partie du moyen âge, afin de constater que la réalité des faits s'accorde ici avec les conclusions de la logique, et que les actes de l'administration, se produisant sans autre contrôle que celui des agents du pouvoir, et d'un pouvoir non contrôlé lui-même, elle était ou devenait oppressive, quelles que fussent d'ailleurs les intentions du souverain.

Le cri populaire : *si le roi le savait* est la condamnation la plus irrévocable du système auquel il correspond. En fait donc, il est aussi impossible de croire à la réalisation complète ou même suffisante des efforts persévérants de nos Rois pour l'amélioration de la situation populaire (dans les campagnes surtout, bien plus éloignées du regard de l'autorité suprême) qu'il est impossible de nier ces efforts ou de les croire tout à fait inutiles.

On aurait tort, d'ailleurs, de reprocher aux institutions de ce temps le caractère surtout judiciaire des autorités qui représentaient l'administration royale. « Juger, dit encore M. Beugnot [2], c'était administrer, gouverner, régner, car les intérêts publics ou privés se débattaient et se réglaient dans l'enceinte des tribunaux. » C'est aux tribunaux que peut, de nos jours encore, aboutir le redressement des abus contraires à la loi, du moins depuis l'abolition ou la restriction de cette monstrueuse *garantie administrative* que, nous l'avons vu, saint Louis refusait énergiquement à ses délégués. Il ne faut pas perdre de vue

[1] *V. infra.*
[2] *Ubi supra*, p. L.

ces principes de droit féodal : que la possession de la terre emportait la juridiction sur ses habitants et que, durant la paix, la subordination du vassal au suzerain ne s'exerçait guère que par les appels des sentences de celui-là devant le tribunal siégeant au nom de celui-ci. Les magistrats de l'ordre judiciaire exerçaient donc la seule intervention qui fût alors possible au pouvoir central dans les affaires des fiefs, même appartenant au domaine de la couronne; mais ils l'exerçaient véritablement, et ce n'était pas seulement à l'égard des seigneurs du domaine proprement dit. Le comté de Nevers fut partagé entre les *ressorts* des bailliages de Sens et de Bourges par un arrêt du Parlement, qui défendit à celui de Mâcon d'y prétendre, mais qui, réglant le conflit entre des officiers du Roi, ne rappelle aucun fait d'opposition de la part du comte [1]. En 1271, le comté de Forez est attribué au bailliage de Mâcon.

Rappelons-nous, d'ailleurs, que les anciens serfs, surtout une fois affranchis, pouvaient ester en justice, et que l'esprit d'association, si puissant et si vivace au moyen âge, donnait aux communautés la force et la hardiesse de poursuivre des réclamations que n'eût osé présenter un individu : nous avons même vu le fait se produire dans cette condition de demi-servitude que j'ai essayé d'expliquer plus haut. Les *Olim* cités déjà, c'est-à-dire le recueil des enquêtes, procès et arrêts du Parlement [2], à partir de 1254, recueil destiné sans doute à constater les précédents, fournit sur cette matière des renseignements précis. Il est vrai, cette collection, bien vaste déjà pour la période qui nous occupe, ne contient pas un grand nombre de faits directement relatifs à la situation des cultivateurs. Il était rare qu'une réclamation de cet ordre arrivât jusqu'au Parlement [3]; cependant le fait n'est pas inouï, et, comme la cour souveraine ne prononçait, en général, que par suite de contestations élevées sur les agissements d'un bailli, d'un prévôt ou même d'un sergent, après épuisement des juridictions intermé-

---

[1] *Olim*, t. I, p. 560, ann. 1263.

[2] Publiés dans la collection des *Documents inédits sur l'histoire de France.*

[3] Alors unique en France; cependant l'échiquier de Rouen et les grands jours de Troyes en tenaient lieu, dans une certaine mesure, pour la Normandie et la Champagne. A la cour souveraine de Toulouse ressortissaient les tribunaux du Midi; sans être interdits en droit, les appels de cette cour au Parlement de Paris était bien difficiles et bien rares.

diaires, les rares exemples que nous allons rencontrer suffi-
sent pour signaler le fait, bien plus ordinaire, assurément, de
l'intervention de celles-ci.

Ainsi nous lisons, dans un acte de 1264 (saint Louis vit
encore, il est vrai), le compte rendu d'une *enquête* faite par le
bailli d'Amiens sur la *forme de l'ajournement* fait par *un seigneur* aux habitants *de son village*, qui ne s'y sont pas rigou-
reusement conformés. Toutes les circonstances qui peuvent
éclairer l'esprit du juge s'y trouvent relatées et ne montrent
pas une pratique trop novice [1] ; mais ce qui est plus important
encore, c'est l'intervention de l'autorité royale dans les relations entre un seigneur et ses hommes, pour exiger l'exacte ob-
servation de la loi ou de la coutume. Il y a là un témoignage,
modeste sans doute, mais formel autant qu'heureux, d'une
transformation de la France. Même dans des faits journaliers
et non plus, comme un siècle et demi plus tôt, dans des exceptions légales, mais éclatantes, le pouvoir national de la royauté
agit pour faire régner la justice et comprimer les caprices des
souverainetés locales. Même dans une question de forme, des
villageois ont ici un recours régulier contre leur seigneur. Peu
de mois après [2], la cour du Roi va jusqu'à prescrire au comte
d'Angoulême la justice qu'il doit faire, sur les biens d'un de
ses hommes-liges, à des marchands lésés par ce vassal sur les
domaines du comte. Et la responsabilité devant la justice
s'étendait réellement à la fois sur les agents du Roi et sur les
seigneurs [3].

En 1290, la commune de Wully (*commune rurale* évidemment, car il n'y a pas de ville de ce nom) gagne un procès en
parlement contre le bailli de Vermandois, l'un des plus grands
officiers de l'administration provinciale et agissant au nom du
Trésor, au sujet d'une redevance autrefois payée, mais rachetée
depuis [4]. En 1300, un certain Pierre le Descauz de Bracle, qui
ne paraît pas avoir jamais été seigneur de Bracle ni autres lieux,
gagne, en parlement, un procès contre le prévôt de Senlis, au
sujet d'amendes que ce dernier prétendait exiger de lui;

<hr>

[1] *Olim*, t. I, p. 199.
[2] *Ibid.*, t. I, p. 640.
[3] *Ibid.*, t. III, p. 705.
[4] *Ibid.*, t. II, p. 313.

en 1306 [1], la commune de Poix réclame auprès de la juridiction suprême, par l'organe de son maire et de ses jurés, et elle *obtient* l'exemption absolue de toute juridiction de son seigneur actuel, pendant toute sa vie, outre le prononcé de peines pécuniaires considérables, comme réparation d'une mutilation infligée par lui (probablement en qualité de juge) à plusieurs de ses habitants. En 1310, des *affranchies* se plaignent d'être troublées dans leur liberté par des commissaires que le Roi avait envoyés dans le bailliage d'Amiens pour recouvrer des recettes, et le Parlement fait droit à leur plainte [2]. La même année enfin, le Parlement, qui avait, peu auparavant, accueilli la plainte d'un sergent royal condamné, sur celle d'un particulier, par les enquêteurs du bailliage de Vermandois [3], condamne directement pour escroquerie au préjudice d'un service public un enquêteur envoyé dans les bailliages d'Auvergne et de haute Auvergne [4]. Nous trouvons ainsi la preuve de ce double fait que la surveillance exercée à l'égard des pouvoirs locaux était, même sous Philippe le Bel, un fait ordinaire, et que les autorités chargées de ce contrôle n'échappaient pas nécessairement elles-mêmes à celui des tribunaux.

Il a fallu citer des faits nombreux pour établir, avec quelque assurance, ce qui se passait à une époque où les principes d'unité soit administrative, soit législative, se faisaient jour si péniblement à travers des traditions de morcellement tant de fois séculaires. Quand on voit l'auteur ou le rédacteur des *Établissements* [5] subir le maintien des gages de bataille, plusieurs années après leur abolition par voie législative; quand on voit encore, en 1296, un acte du Parlement [6] déclarer que toute guerre privée est *suspendue pour un an,* dans le royaume, à cause de la guerre du Roi (contre le roi d'Angleterre), et que, *durant la guerre du Roi,* nul gage de duel ne doit être admis, on comprend sans peine combien, pour chaque génération, l'étude des incidents est nécessaire, si l'on veut mesurer sai-

[1] *Olim,* t. II, p. 176; cf. p. 587.
[2] *Ibid.,* t. II, p. 543. Deux ans après, il est vrai, il cassa une sentence des Maîtres des Grands Jours de Troyes, qui avaient prononcé en faveur de la liberté dans une question spéciale. (*Ibid.,* p. 573.)
[3] *Ibid.,* t. III, p. 237.
[4] *Ibid.,* p. 529.
[5] L. 1, ch. 45, 82.
[6] *Rec. des anc. lois franç.,* t. II.

nement l'action réelle des lois. Mais, avant de terminer l'examen de celles-ci, nous avons à fixer notre attention sur un fait d'une autre nature, en accord avec le mouvement général de l'histoire à cette époque, fait déjà indiqué plus haut, et qui prouve, dans ce mouvement, une intensité et une rapidité vraiment inattendues.

Une ordonnance de Philippe le Hardi [1] *sanctionne le fait existant* de *possessions féodales*, avec hommage et service compétent, *acquises* par des *personnes non nobles*, et frappe seulement d'un droit de mutation de quatre années de revenu (*quatuor annorum fructuum estimatio*) les possessions féodales *devenues censives*. Sans doute l'acquisition d'une châtellenie par un roturier ne peut guère se concevoir alors que de la part d'un bourgeois enrichi par l'industrie de plusieurs générations. Mais, dès que le principe est admis, rien ne prouve que ces familles de vilains qui, sous le régime du servage, avaient pu accumuler des pécules considérables, ainsi que nous l'avons vu plus haut, n'aient pu de bonne heure, sous le régime de la liberté, acquérir des portions de fiefs, et par conséquent constituer peu à peu, dans les campagnes, une classe de terres féodales aux mains des cultivateurs. Un acte d'affranchissement collectif, vidimé en 1284 par le même souverain et publié dans le recueil des *Ordonnances*, contient même un détail tendant à montrer que cet ordre de faits commençait à pénétrer dans les mœurs. A côté des redevances que se réserve sur ses anciens serfs la famille seigneuriale qui les affranchit, se trouve l'obligation de payer une *quête*, c'est-à-dire une *aide* dans les trois cas, essentiellement féodaux, de la *Chevalerie* de l'héritier du seigneur, du mariage de la fille de celui-ci, et enfin de la croisade. On sait d'ailleurs qu'une *aide* levée par Philippe le Bel sur les *bourgeois de Paris*, à l'occasion de la *Chevalerie* de son fils aîné, est un des plus anciens documents de notre histoire financière : les rôles en ont été publiés dans la collection des *Documents inédits*. De cette première égalité devant l'impôt à

[1] *Rec. des anc. lois franç.*, t. II (art. 6 et 8 d'une ordonnance rendue au Parlement de Noël 1275). Cf. *Établ.*, I, 143, où la loi reconnaît aux coutumiers le droit d'acquérir des possessions soumises à l'hommage. Une ordonnance de Louis X (1er avril 3115, art. 3) réglemente pour un détail la coutume mentionnée par Philippe et depuis longtemps passée dans l'ordre des faits incontestés.

l'égalité devant la loi, la distance chronologique pourra être longue, mais le principe est posé, et les effets suivront.

V

FISCALITÉ ROYALE ET DÉSORDRES ADMINISTRATIFS.

Parallèlement aux garanties réelles, quoique imparfaites, que la marche graduelle de la France vers le régime monarchique donnait aux petits contre les violences des grands, se produisait un fait nouveau, la fiscalité royale, dont il est indispensable d'étudier les procédés pour se faire une idée juste de la condition des classes populaires au commencement du xiv⁰ siècle.

Philippe le Bel a modifié moins qu'on ne le croit communément les formes de l'administration supérieure ; mais ses efforts obstinés pour absorber la nationalité flamande ne lui ont pas seulement fait perdre le fruit de ses premiers succès contre les Anglais, en Guyenne ; ils n'ont pas seulement contribué à la naissance et au développement de ses fatales dissensions avec le Saint-Siége ; ils ont imposé au royaume des charges considérables et persévérantes, qui ont donné à la fiscalité du prince un renom odieux et apporté à la situation économique de la France une douloureuse perturbation. Il ne faudrait pourtant pas croire que de lourdes taxes, imposées par un pouvoir souverain aux dernières classes du peuple fussent, alors une chose inouïe en France. Pendant de longs siècles, le seul souverain de chaque domaine avait été le propre seigneur de ce domaine, et les exigences fiscales exercées par Philippe, Roi de France, pour l'intérêt de l'État, l'avaient été souvent, sous des formes à peu près semblables, par des châtelains obscurs et pour des intérêts privés. En devenant nationale, l'administration devient plus bruyante ; elle laisse duns l'histoire des traces plus précises de son action ; elle est jugée sévèrement parce qu'elle est plus connue ; elle est peut-être, en réalité, moins coupable et moins lourde. Quoi qu'il un soit, cherchons à en reconnaître l'action et les effets.

A côté des *aides* réclamées dans des cas exceptionnels et

qui, nous l'avons vu tout à l'heure, n'étaient pas alors uniquement payées par des nobles, les ressources financières du Roi étaient les tailles, les revenus du domaine, les péages de toute sorte, les droits de justice, y compris la ferme des prévôtés. Depuis la décadence carolingienne jusqu'à Philippe le Bel, les dépenses de la couronne avaient été généralement peu considérables, et, pour la plupart, acquittées sur les lieux, avec le produit même des administrations qui les rendaient nécessaires. Le domaine privé suffisait amplement au modeste entretien de la cour ; et, quant aux Croisades ou autres grandes expéditions militaires, les charges en furent supportées, en notable partie, par les redevances féodales et les auxiliaires féodaux ; elles retombèrent assurément sur le peuple, mais indirectement ; et l'on sait que les premières profitèrent de plus d'une façon à la bourgeoisie. Maintenant, au contraire, que le domaine royal comprend une grande partie de la France et spécialement des contrées les plus riches, maintenant que l'administration s'est graduellement compliquée, et que les armées royales sont fréquemment en campagne, c'est au nom du Roi que sont levés de lourds impôts : la taille royale va devenir perpétuelle, ou peu s'en faut.

Je dis *devenir*, car elle ne l'était point dans le troisième quart du XIII° siècle. Elle est expressément désignée, dans divers documents de cette époque, comme une charge accidentelle et non point permanente. « Salva etiam *tallia pro rege* per capitulum facienda *quocienscumque* fieri contigerit, » dit l'acte d'affranchissement d'Orly (1263), cité plus haut. Dans l'*abonnement* à la taille seigneuriale du chapitre conclu par les *hôtes* de deux autres villages, on lit ces mots : « Salva insuper *tallia* per ipsos decanum et capitulum seu mandatum ipsorum *pro domino rege* facienda *quocienscumque* eam fieri vel evenire contigerit[1]. » Enfin, dans le compromis pour la taille d'Iteville, on lit ces mots, plus clairs encore : « Hoc salvo, *eo anno quo rex talliabit*, predicti homines talliam sibi imponendam pro subsidio (*aide*) vel tallia domini regis persolvent ultra summam pretaxatam[2]. »

---

[1] *Cartul. de N.-D. de Paris. Grand Pastoral*, II, 3 (ann. 1269).
[2] *Ibid.*, XVI, 1 (ann. 1268). — V. aussi semblable réserve pour les hôtes d'Ivry, II, 44 (ann. 1273), et dans le grand cartulaire, XI, la confirmation par Louis X d'un acte de 1304, par lequel son père accordait des exemptions d'impôts aux hommes des églises.

Ce texte semble identifier la taille à l'aide, dont pourtant la signification propre est bien distincte. Un autre document, de même origine et de même époque [1], paraît confirmer cette confusion par ces mots : « salva etiam *tallia* quam facere consueverunt, *quando* dominus rex Francie (*sic*) *vadit in exercitum*, quam ipsi hospites decano et capitulo una cum predictis solvere tenebuntur. » Mais le grand fait économique de l'intermittence des tailles royales pendant le quart de siècle qui précède la mort de Philippe III, résulte encore de l'étude des *Olim*, où toutes les décisions relatives à la levée de cette taxe appartiennent à la circonstance exceptionnelle de la *Chevalerie* de Philippe, l'héritier du Roi, sauf un très-petit nombre d'exceptions ; encore celles-ci ont-elles pour objet des principes contestés d'exemption, et par conséquent peuvent-elles fort bien ne pas se rapporter à une taille actuellement levée. Disons plus : la nature même et l'existence de ces difficultés supposent qu'il ne s'agit pas d'un impôt perpétuel, dont les règles auraient été assurément bien connues par le fait d'une application constante. Ce principe (ou cette coutume) d'une *intermittence* irrégulière dans les charges des sujets, si opposé à ceux de la fiscalité moderne inaugurée par Philippe le Bel, était, au contraire, celui de la redevance *féodale*, tandis que la taxe *permanente* et régulière était payée aux seigneurs par leurs *sujets*. On peut donc dire que l'on voit se produire, à la fin du xiii* siècle, la conséquence inévitable de la transformation d'un vaste groupe de fiefs en une nation proprement dite : jusque-là les hommes libres étaient plutôt les tenanciers que les sujets du pouvoir suprême ; désormais ils seront plutôt ses sujets que ses tenanciers.

En 1299, l'un des *Olim* du Parlement constate que le cinquantième et le centième, imposés par Philippe le Bel pour sa guerre de Flandre, ne furent pas levés seulement sur les hommes du Roi, mais aussi sur ceux des terres féodales : les hommes de Saint-Germain-des-Prés se plaignent même de ce qu'on veut les contraindre à faire double emploi de leurs bourses, en payant directement au Roi cette taxe de guerre et en contribuant à celle

---

[1] *Grand Pastoral*, 11, 27 (ann. 1267).

qui est exigée de l'abbaye pour le même objet [1]. On le voit
donc, nous touchons ici à la grande et douloureuse question des
taxes royales *surajoutées* aux taxes seigneuriales, accrues elles-
mêmes plutôt que restreintes, car les barons, contraints désormais de chevaucher plus souvent et plus au loin à la suite du
Roi ou du connétable, accroîtront les redevances de leurs serfs
ou de leurs tenanciers. On sent, en ce moment, les charges
plus que les avantages matériels de l'unité nationale, et les
garanties protectrices, existant de droit ou de fait, sont plutôt
restreintes qu'augmentées, sauf l'immense bienfait de l'émancipation des serfs du Roi, bienfait qui est encore alors loin d'être
complet. Les charges locales, le Roi ne peut songer ni à
les abolir ni à les restreindre : elles servent aux seigneurs pour
l'accomplissement de ses ordres, et lui-même en use dans ses
domaines propres, désormais si étendus.

Nous en trouvons une énumération, qui peut déjà donner
une idée approximative du reste, dans la charte de Philippe
le Hardi à l'abbaye de Saint-Maur : voirie (*viaria*) et justice
de la voirie, mesurage du vin, coutume des marchandises,
guet, taille, ost et chevauchée, coutume des poissons, mesurage du blé, taille du pain et du vin ; ces taxes sont les unes
maintenues au Roi ou à l'abbaye, les autres abolies pour
les hôtes de tel ou tel lieu [2]. Les péages, si multipliés au
moyen âge, formaient une partie notable des revenus royaux
et seigneuriaux ; mais ils s'ajoutaient au mauvais état des
routes pour tarir une des sources principales de la richesse
publique, en faisant obstacle à la circulation des denrées et
par suite à l'activité de leur production ; ceci concerne surtout la fiscalité seigneuriale : nous aurons occasion d'y revenir.
On sait aussi que, dans le xive siècle, le trésor royal fut souvent alimenté en partie par la refonte arbitraire des monnaies
à des titres ou des poids variables, et qu'une douloureuse perturbation était apportée au commerce par ces actes d'impro-
bité royale ; mais je ne crois pas nécessaire d'y insister ici,
parce qu'il me paraît très-douteux que cette perturbation ait
été bien ressentie dans les campagnes, dont les produits
étaient, en grande partie, consommés sur place ou payés en

[1] *Olim*, t. II, p. 435.
[2] *Petit Cartulaire de N.-D.*, 8 (ann. 1280). — Cf. *Cartul. de S. Père de
Chartres*, 3e partie n° 143.

nature au seigneur, et non échangés pour de l'argent par les paysans eux-mêmes. Ce qui était probablement plus sensible à ceux-ci, c'était la gabelle royale, ajoutée, sous Philippe le Bel, à la gabelle des seigneurs [1].

La justice était d'ailleurs universellement considérée comme une source de revenus [2]. Les amendes de la justice royale ne revenaient pas toujours et directement au Roi; mais la confusion alors établie entre l'autorité administrative et l'autorité judiciaire, confusion dont l'empire romain avait déjà donné l'exemple, qui s'était transmise par l'intermédiaire des temps barbares et qui avait été l'essence du régime féodal, permet de considérer l'administration provinciale comme ayant été long-temps rétribuée en grande partie par la justice qu'elle rendait, par la perception des amendes; — je ne dis pas des confiscations, car celles-ci étaient nécessairement adjugées au domaine du Roi. La confusion était si grande à cet égard, dans les idées et le langage, que le comte de Blois, dans l'acte qui termine son différend avec le couvent de Saint-Père, au sujet des foires de Chartres, reconnaît à l'abbaye la juridiction de ces foires, « excepto et salvo nobis remanente ressorto, et exceptâ omnimodo alta justicia videlicet prodicione, raptu, mulctro, incendio et incisione, thesauro invento [3]. » Des cas de trahison, incendie, ou mutilation, c'étaient là, pour le seigneur du lieu, un trésor comme un autre.

De là ces abus monstrueux contre lesquels saint Louis s'élève dans l'ordonnance de 1254 (art. 23) par des défenses probablement insuffisantes en présence des mœurs publiques que supposent de pareils excès : « Que nos baillis et autres officiers se gardent d'induire par menaces, terreur ou adroites machinations qui que ce soit à offrir publiquement ou secrètement une amende, et ne portent point d'accusation sans cause raisonnable. »

De là aussi cette coutume déplorable de la mise à ferme des prévôtés, et son étonnante persistance à travers des efforts sincères pour prévenir les effets du mal. « Vendre les offices de judicature, c'est vendre la justice, » disait Nicolas Pasquier, dans sa *Remonstrance très-humble au Roy* [4]; et, si cette consé-

---

[1] Voy. Boutaric, *la France sous Philippe le Bel*, l. X, ch. 1.
[2] Voy. Guérard, *Cartul. de N.-D.*, p. xlv.
[3] *Cart. de S. Père de Chartres*, 3e partie, 136 (ann. 1265).
[4] *Lettres de Nic. Pasquier*, II, 19.—Et un peu plus haut : « Chacun regarde : J'ay tant baillé d'argent : il faut que mon estat me vaille tant. » — Cf. I, 2.

quence se faisait cruellement sentir au commencement du
XVIIe siècle, combien plus dans le désordre du moyen âge !
« Aussi, dit M. Boutaric [1], la grande ordonnance de 1303,
confirmant ce qui existait déjà sous saint Louis, interdit tout
acte de judicature aux prévôts-fermiers, et leur défendit de
juger les causes entraînant des peines pécuniaires. Ce droit
était réservé aux baillis, aux hommes de fief ou aux échevins
suivant la coutume locale. » Ce passage renferme une contradiction apparente, atténuée par les lignes qui précèdent, surtout par celles qui suivent [2], mais qui pourtant laisse dans
l'esprit du lecteur un certain besoin de recourir aux textes;
voici comment s'exprime l'autorité royale en cette délicate
matière.

« Ceux qui tiennent des prévôtés, vicomtés ou autres bailliages (inférieurs), dit saint Louis dans l'ordonnance de 1264
(art. 52), ne pourront, sans notre congé, les *revendre (reven-
dere)* à d'autres. Ils ne pourront les *vendre* à personne de leur
famille ou maison; et les acheteurs ne pourront poursuivre
eux-mêmes le payement de leurs créances, mais devront
s'adresser au magistrat supérieur. » La vénalité de ces offices
est donc reconnue, quoique limitée; et c'est dans le même
sens qu'il faut entendre ces mots de Guillaume de Chartres,
parlant du même Roi : « Præposituras suas mallens cum *aliquo*
pecuniæ vel redituum *detrimento* committi bonis et fide dignis
personis, quam vendi cum augmento suo et lucro. » En d'autres
termes, le principe de la vénalité subsistait, mais ce n'était
point une enchère, et le Roi ou ses baillis *choisissaient les
acheteurs.*

Le même système prévaut dans l'ordonnance de 1303
(art. 19). « Nous voulons, dit Philippe le Bel, que, s'il arrive
(*si contingat*) que l'une de nos prévôtés soit vendue ou don-

---

[1] *La France sous Philippe le Bel*, L. VIII, ch. I.

[2] « Dans le N.-O. et le Centre, sauf la Normandie, les prévôts étaient juges
de première instance (*Olim*, II, 88, III, 93); mais il était imprudent d'aban-
donner la justice criminelle à des agents qui, affermant le produit des amendes,
avaient intérêt à trouver des coupables. » Et après les lignes citées dans le
texte : « Il résulte de là que la juridiction de première instance appartenait
presque exclusivement aux échevins, c'est-à-dire aux juridictions municipales
ou bien aux hommes, c'est-à-dire à des jurés présidés par le prévôt... » En
Normandie, les vicomtes institués au temps de la domination anglaise, tenaient
les plaids; leur pouvoir était considérablement amoindri par l'institution du
jury. (*Revue anglo-fr.*, 2e série, t. I, p. 232.) *Ibid.*

née à ferme, on la remette à des personnes qui soient réputées loyales et propres à cet emploi et de bonne renommée.. Nous ne voulons point que (sans cela) l'on soit admis à nosdites prévôtés et fonctions administratives (*administrationes*), quelle que soit l'enchère offerte (*quantumcumque plus offerant*), interdisant pour l'avenir (ou d'ailleurs, *de cetero*) aux prévôts tenant prévôtés à ferme d'oser taxer ou prononcer des amendes, réservant ce droit aux sénéchaux, baillis, hommes [1] ou échevins, suivant les coutumes des lieux. » — Défense est faite aux prévôts de rien exiger ou recevoir de ceux qui leur sont soumis, ni d'imposer aux églises des subventions pour eux-mêmes (art 23). Nul sénéchal, bailli, prévôt, juge, vicomte ou bayle ne pourra l'être dans le lieu de sa naissance (art. 27), sans doute pour prévenir l'action des intérêts privés et des influences individuelles; l'ordonnance de 1254 (art. 16) admettait au contraire qu'on fût prévôt dans son district, considérant peut-être l'attache au lieu de son administration comme une garantie de responsabilité plus facile et plus durable. Enfin, dans l'ordonnance que nous étudions (art. 45), Philippe interdit aux magistrats d'ordre supérieur « toute part à la vente des charges de bailliages (inférieurs), prévôtés *et autres revenus* appartenant au droit du Roi. »

Une ordonnance relative à la comptabilité de la Normandie [2], émanée du même souverain, va plus loin dans l'exposition du système de vénalité. « Il baudront (li bailli) les fermes non fieffées et les *prévostés* à oyes de paroisse et *par enchèrement* et baudront lettres de bail (art. 3). — Il baudront les *prévostez*, les *péages*, les sceaux, les escriptures et *tous les autres marchiez dou Roy* à personnes souffisant (art. 5, 7-8) [3]. »

La nécessité pour le prévôt d'avoir des assesseurs, la règle du jugement par jury, devenue, à la fin du xiiie siècle, générale dans toutes les provinces du royaume, surtout en matière criminelle [4], était-elle une garantie suffisante pour prévenir

----

[1] Jurés, *V. supra*.

[2] *Anciennes lois françaises*, t. III. (Ordonnance du 20 avril 1309, rendue en l'Échiquier de Rouen.)

[3] V. aussi l'ordonn. de Louis X (1er avril 1315) sur la *mise à ferme* des *prévôtés*, notairies et autres offices de judicature en Champagne et Brie, à charge que les pourvus seront *suffisans*.

[4] Boutaric, *ubi supra*.

les funestes effets de la vente des prévôtés ? il est permis d'en douter beaucoup. D'une façon ou d'une autre, celui qui avait déboursé voulait rentrer dans ses fonds et y rentrer avec usure. S'il ne dictait pas les jugements, son influence n'était pas contestable quand il se formait un jury de ses propres administrés; d'ailleurs la maxime : « Qui vend office vend justice, » n'est pas moins vraie en matière civile qu'en matière criminelle, et M. Boutaric dit au même chapitre que « dès le xiii° siècle, le jury commençait à être abandonné en matière civile. » « La difficulté de bien juger pour des hommes dépourvus des notions du droit fut, continue-t-il, un des motifs de cet abandon. Mais il y en eut un autre : il n'y avait pas d'inconvénient à laisser aux juges royaux ou seigneuriaux la connaissance des causes civiles, qu'ils n'avaient aucun intérêt à mal juger. » J'en demande pardon au très-savant lauréat de l'Institut; mais cet intérêt, ils devaient souvent l'avoir, quand il s'agissait de l'intervention de la justice entre un pauvre et un puissant, c'est-à-dire précisément du cas où l'intervention de l'autorité suprême devait être le plus efficace et le plus salutaire. C'est précisément parce qu'elle devient alors beaucoup plus facile et plus générale, que l'étude de l'administration royale rentre essentiellement dans celle de la condition des campagnes et n'est point ici une digression. Or plus on descend dans l'échelle administrative et judiciaire, plus le degré de juridiction a d'importance *en fait*, quant à son action sur les paysans. Les cas d'appel du bailli au Parlement, dans ces sortes d'affaires, sont extrêmement rares, comme on le voit par les *Olim*; les appels du prévôt au bailli étaient déjà difficiles, d'abord parce que le bailli était loin, puis parce que le prévôt, même condamné à dédommagement, devait inspirer beaucoup de crainte à un laboureur; les appels au prévôt lui-même des violences ou injustices d'un sergent ou d'un seigneur devaient être beaucoup plus fréquents; or c'est là précisément que le mode de recrutement des juges offrait de douloureux sujets d'inquiétudes. Et, dans les causes criminelles, réserver des sentences à un degré supérieur de juridiction ne devait avoir souvent pour effet, en un temps de communications si difficiles, que de faire espérer ou même d'assurer l'impunité au plus puissant et au plus hardi, de livrer à sa discrétion le plus timide et le plus faible. Or cette question d'impunité était

alors des plus graves. La même ordonnance de réformation
qui retire aux prévôts à ferme le droit de taxer et de prononcer les amendes, nous fait connaître à quel degré vraiment
inimaginable ils abusaient de leur puissance, trente ans après
la mort de saint Louis. L'article 23, en effet, ne leur défend pas
seulement de rien exiger ou accepter de ceux qui leur sont
soumis, ce qui serait déjà fort grave; elle nous les montre
autorisant *des abonnements à la violation des lois.* « Qu'ils ne
fassent point, dit le Roi, de conventions, pactes ou marchés
avec certains de leurs administrés (*subjectis*), tels que ceux-ci,
donnant une certaine somme d'argent pour toutes les amendes
qu'ils auraient encourues *ou pourraient encourir* durant toute
la durée de l'office du prévôt, soient dans l'occasion de commettre des délits. » C'était donc là un des moyens employés
pour recouvrer le prix de la ferme; on peut juger de la sécurité qui, dans un tel voisinage, restait aux biens et aux
personnes.

D'ailleurs les jugements iniques ou le silence de la justice
n'étaient pas les seuls abus que l'on eût à redouter : les
prohibitions de l'autorité royale en signalent d'autres, et ces
prohibitions, ne l'oublions point, ne sont pas une garantie bien
sérieuse là où manque la publicité des faits. Déjà la grande
ordonnance de 1254, avec d'autres dispositions préventives
citées plus haut et qui sont des règles de prudence applicables
à tous les temps et à tous les lieux, interdit aux baillis et
autres officiers royaux « d'affliger les sujets par de *nouvelles
exactions ou coutumes* et d'ordonner des chevauchées dans le
but d'extorquer de l'argent (art. 26) [1]. » Les chevaux donnaient
aussi lieu à des abus d'une autre sorte, car saint Louis ajoute
un peu plus loin : « Nous défendons que personne dans notre
terre ne saisisse un cheval sans la volonté de son maître, si
ce n'est pour nos propres affaires. Que, dans ce cas, nos
sénéchaux et autres officiers inférieurs et leurs lieutenants
prennent des chevaux de louage; et, s'ils ne peuvent suffire
pour notre service, que les sénéchaux ou leurs subordonnés *ne
prennent point les chevaux des marchands qui voyagent ni
ceux des pauvres*, mais seulement ceux des riches, s'il y en a

---

[1] En vendant des dispenses de services, ou en levant des taxes de guerre
pour des expéditions imaginaires.

quantité suffisante (art. 37). » Bien plus, on voit, par une ordonnance rendue quatorze mois après et concernant le Languedoc (l'an 1255-6, art. 1), qu'il faut défendre aux sénéchaux de faire nourrir leurs troupeaux dans les pâturages d'autrui.

A son tour, Philippe le Bel, dans la grande ordonnance de 1303, prohibe les ajournements et citations faits par les sergents de leur propre autorité, et menace les prévôts de peines sévères pour ajournements injustes (art. 28). L'année suivante, il lui faut, par l'ordonnance de Béziers, interdire aux *juges* de la sénéchaussée de Toulouse de *rien recevoir des parties*, sous prétexte de commissions données par leurs supérieurs, en même temps qu'il exige des *bayles*, comme garantie de leur responsabilité, un séjour de sept semaines après l'expiration de leur charge.

Mais il est d'autres abus qui devaient influer plus directement encore sur le sort matériel des paysans, et sur lesquels, en conséquence, nous devons insister ici. Ils concernaient le commerce des récoltes et le droit de prise : les textes sont précis là-dessus.

Déjà, l'ordonnance de 1254 s'exprimait en ces termes : « Que les baillis ne prohibent pas, sans cause urgente, l'exportation hors de leur bailliage du blé, du vin ou d'autres marchandises ; s'ils ont fait cette prohibition avec prudence, qu'ils ne la lèvent pas (arbitrairement), et que, pendant sa durée, ils ne donnent à personne une autorisation de faveur (art. 27). » Je n'examine point ici les questions économiques concernant la fixité absolue de la liberté du commerce des grains ; je ne recherche point lequel doit, en général, l'emporter de la nécessité présente de retenir les grains en temps de disette, ou de l'utilité générale d'encourager la production par l'assurance de larges débouchés : je dirai même qu'à cette époque la difficulté des routes limitait nécessairement beaucoup l'espoir de la vente en dehors du lieu de production. Mais je ne puis omettre de remarquer l'effrayant arbitraire des représentants du pouvoir, qui s'attribuaient personnellement le droit de décider seuls en une matière si délicate, dans une province qui n'était pas même nécessairementleur pays natal, et le droit plus exorbitant encore, s'il est possible, de concéder (pour ne pas dire de vendre) des exemptions individuelles, pour enrichir tel ou tel particulier.

Cette ordonnance fut-elle obéie? Il y a quelque lieu de le penser, vu les soins qu'apportait saint Louis au choix de son personnel administratif; mais toute administration dont la valeur repose uniquement sur le choix des personnes, est incessamment exposée à des désordres tels que vient de les décrire la chancellerie royale. L'ordonnance de Philippe le Hardi, qui, au printemps de 1277 [1], prohibe l'exportation des laines, blés et vins, s'applique à tout le royaume et non au commerce intérieur; elle est générale et contient une intimation rigoureuse à tous les baillis de la faire exécuter scrupuleusement; mais les abus avaient reparu au xive siècle et dans les provinces lointaines du Midi; et l'ordonnance déjà citée de Louis X aux sénéchaux de Languedoc (1er avril 1315), énonce la demande à lui adressée de rétablir la liberté pour *tout le monde* [2] d'exporter hors de France les denrées alimentaires en ajoutant ces mots : « Nous *accordons* que *vous*, sénéchaux, *deviez permettre* la sortie desdites denrées, si vous ne voyez nécessité ou danger pour le pays, auquel cas, du conseil des prélats, barons, et conseils des bonnes villes, mais non autrement, vous prohiberiez la sortie, à cause des nécessités publiques. » M. Boutaric [3] croit que cette intervention des représentants du pays en cette importante matière n'a jamais eu lieu que dans les provinces du Midi, et que partout ailleurs les défenses d'exportation des céréales en temps de disette étaient abandonnées à l'arbitraire des agents royaux.

Le *droit de prise*, reste des temps de naïve barbarie où les rois mérovingiens n'avaient guère d'autre droit sur la bourse des Francs que celui de se faire héberger dans leurs voyages, avait naturellement changé de forme et de nature, mais non pas pour s'adoucir, avec les progrès de la civilisation. A l'époque qui nous occupe, bien d'autres que le Roi et la Reine se figuraient que ce droit les concernait [4]. Il ne paraît pas

---

[1] *Rec. des Ordonn.*, t. XI, p. 353.

[2] *Quelibet persona.* Y avait-il donc des exceptions arbitraires ?

[3] *La France sous Philippe le Bel*, l. XI, ch. iv.

[4] On y peut assimiler les *droits de gîte*, à pied ou à cheval, dus en un grand nombre de lieux, hameaux et autres, de la Champagne, à intervalles réguliers pour chacun. « Pour profiter de tous, dit M. A. Lefèvre (*Bibl. de l'École des chartes*, 4e série, t. IV, p. 441), le seigneur aurait voyagé toute l'année... Ne voulant pas laisser périmer son droit, il le fit évaluer, et chaque

cependant que les exactions se soient beaucoup manifestées
sous cette forme, au temps de saint Louis. Son silence à cet
égard (sauf un point) dans les ordonnances de 1254 et 1256,
en est une preuve sérieuse : il eût été justement impitoyable
pour un pareil abus fait de son nom. Mais, au commencement du xiv⁰ siècle, ce ne sont pas seulement les idées de
pouvoir monarchique proprement dit qui commençaient à pré-
valoir; c'étaient aussi celles d'omnipotence administrative. En
1299, un concile de Rouen se sent ému et pressé (*nostrum
pulsat animum*) de lutter contre ceux qui, tenant les divers
offices de la justice séculière, accablent les pauvres de souf-
frances (art. 5). Ouvrons maintenant les *Olim*, et nous y
lirons [1], sous la date de 1311, que des hommes du Gâtinais
portaient plainte à la cour suprême contre un certain
Thomas Hasle, envoyé par les gens du Roi prendre des
vins *au prix du Roi* pour la fourniture de l'hôtel royal (*pro
garnisione hospitii nostri*). Ils lui reprochent de s'en être fait
livrer au-dessous de ce prix légal et beaucoup plus qu'il
n'en fallait pour le palais, attendu qu'il le revendait pour
son compte, évidemment au prix courant, supérieur à celui
du Roi. Le parlement condamne Thomas; mais le Roi com-
mande de surseoir à l'exécution de la sentence et de renou-
veler l'enquête. Philippe le Bel, cependant, il faut le dire, a
essayé d'enrayer ce mouvement : nous verrons tout à l'heure
avec quel succès.

« Comme nous ayons entendu, dit-il [2], que nos sougiet sont grant-
ment domagiez par *ceux qui veulent prendre et avoir les denrées à
notre pris.*—Item, pour ceux qui pour besoignes veulent de par nous
prendre et avoir les chevaux, les bestes, les charettes, les nez (nefs)
et les batiaus et autres voitures de nos soumis.

« 1. Nous, considérans les ordenances sur ce faites bien et raison-
nablement par nos antecesseurs [3] et par nous, et voulans que elles
soient fermement tenûes et gardées [4];

« 2. Comandons, quant as vivres, que nous, la Royne nostre com-
paigne, quant nous l'aurons [5], nos effans estans avec nous, en nostre

gîte, selon la richesse de ceux qui en étaient grevés, fut transformé en une
redevance qui garda le même nom. »

[1] *Olim*, t. III, p. 705.

[2] Ordonnance de Paris, le jeudi avant Pâques-Fleuries 1308 (1309).

[3] Il y avait donc eu des faits à réprimer dès le milieu du xiii⁰ siècle, sinon
plus tôt.

[4] Elles ne l'étaient donc guère alors.

[5] Il était veuf depuis cinq ans.

mainbournie, le chamberrier (chambellan) de France, le connestable de France, le bouteiller de France auront la prise aus vivres et *à nostre pris ;*

« 3. Li seneschaus [1] et li chancellier de France, quant il y seront. »

Toute autre prise, même antérieurement autorisée par concession royale, est expressément interdite, sauf un panier de poisson (à chaque marché, sans doute) pour l'évêque de Paris et l'Hôtel-Dieu (art. 4-6).

« Et voulons encore, continue le Roi, que (même) pour nous len ne puisse *prendre beste de charrue* ou de labourage.

« 8. Et que len ne puisse mie *deschevaucher marchant* [2] ne arrester autre personne chevauchant ou allant en sa besoigne par terre ou par yau. — 13. *Que len paye* pour ceus que len prendra leur *journée soffisant.* »

Ainsi la chose est bien entendue : les ordonnances précédentes ont pu tomber en oubli; mais « le Roi l'a su, » et la présente les remet en vigueur, avec des dispositions précises qui ne laissent place à aucune interprétation abusive. Et Philippe est sincère, car nous trouvons un acte de 1312, dans lequel il énonce *la suspension* par lui prononcée du droit existant (pour lui et quelques autres) de fixer les prix à son usage [3]. Veut-on maintenant savoir quel était l'effet des ordonnances, quand elles avaient pour objet de brider l'administration ? Écoutons ce que nous dit le propre fils, le successeur immédiat de Philippe, peu après la promulgation de l'ordonnance que nous venons de lire. Paris et d'autres villes ont remontré, dit Louis X, que par suite des prises « nuls (certains) marcheanz de nostre royaulme ne dehors n'ose ou ne puist marchander (commercer)... et sont le vivre si encheriz par les prisées (*sic*) ci-dessus que *à peine le menu* peuple a de quoi vivre. » — Le Roi ordonne en conséquence que les prix soient fixés par des hommes dignes de foi et *payés ou garantis* par des écrits que le Roi acquittera. Cette ordonnance fut-elle plus fidèlement observée que la précédente et spécialement que l'article 13 ci-dessus, qu'elle paraît viser ? J'en doute : le Roi régnait... et l'administration gouvernait — ou exploitait.

[1] Grand maître de la maison du Roi. (Note des éditeurs des *Anc. lois franç.*)
[2] Sur ce point, nous l'avons vu, saint Louis avait eu à lancer une prohibition protectrice.
[3] *Cart. de N.-D. Grand Pastoral,* CCCLI (20 oct. 1312).

VI

CONDITIONS DE LA VIE MATÉRIELLE DANS LES CAMPAGNES; ALIÉ-
NATION DES DÎMES; POPULATION; CONCLUSION.

Les abus que la centralisation politique apportait avec des
bienfaits réels étaient bien moins sensibles alors qu'ils ne le
seraient aujourd'hui, parce qu'ils étaient, en grande partie, bien
moins nouveaux qu'ils ne nous le paraîtraient, quoique cette
centralisation fût nouvelle. Ils succédaient, en effet, ou plutôt
s'ajoutaient à des faits de même nature, provenant de l'exercice bien des fois séculaire du pouvoir seigneurial; en réunis-
sant un grand fief au domaine, par mariage ou autrement, le
Roi se substituait au duc ou au comte, et l'autorité du châtelain
subsistait, plus contenue peut-être, mais toujours fiscale, et
c'était elle surtout qui pesait sur les conditions journalières
de la vie rustique. Sans doute les affranchissements collectifs,
déjà bien nombreux avant la fin des croisades, se succédèrent
durant les deux générations suivantes, avec une rapidité irré-
sistible; le cens servile était transformé en fermage, et, si ce
fermage n'était pas librement débattu, il avait l'avantage d'être
fixe; mais il s'en fallait de beaucoup qu'il fût la seule charge
seigneuriale pesant sur le cultivateur. Procédons par ordre et
cherchons d'abord à nous rendre compte de la *taille du serf*,
puisqu'elle existait encore, même au commencement du
xiv* siècle, dans presque toutes les parties de la France, et que
d'autre part le servage n'emportait plus alors la négation de
toute propriété.

« Régulièrement, dit M. A. Lefèvre dans son intéressante
étude sur *les finances de la Champagne*, au xiii* siècle [1], le serf
était taillé une ou deux fois l'an..... La *taille*, qu'ils appelaient
tolle ou *maltote*, pouvait être renouvelée à volonté [2]; le plus
souvent elle ne l'était pas plus que celle des vilains libres;
elle avait beaucoup de noms : soignie, *cens personnel*, chevage;
c'était une *capitation* plus ou moins onéreuse, 6 à 12 deniers

---

[1] *Bibl. de l'Éc. des chartes*, 4* série, t. IV, p. 434. — Cf. t. V.
[2] D'où l'expression : taillables à merci.

par tête [1]. — Régulièrement encore le serf payait un ou plusieurs *terrages*, c'est-à-dire une ou deux gerbes, une ou deux
mesures de grain sur tant d'arpents ou de muids : c'était l'impôt foncier. Mais il acquittait des *corvées*, une ou deux, le plus
souvent trois, en mars, avril, août, nommées de charrue, de
main, de moisson. D'ailleurs les époques variaient : j'ai dit les
plus suivies. » — Et plus loin (p. 439) : « Le *cens* a plusieurs
significations ; c'est un terme fort large ; nous ne parlons (ici)
que du cens des maisons et des terres, *terræ census, trécens*.
Il est quelquefois doublé, triplé [2]... Le taux ordinaire du cens
est de 6 deniers par maison..... Le *terrage* est tout ce que les
cultivateurs, *libres ou serfs*, donnent *en nature* au seigneur.
On ne peut établir aucune règle sur la proportion, en Champagne, du terrage à la terre ; à deux lignes de distance, il
varie d'un setier à un muid par arpent. Dans la même
période, il varie d'un à douze ; il est donc arbitraire. Les
diverses monnaies de terrage sont les blés, les vins, les poules,
les pains, les fromages, la cire (à Grandpré). Il concourt avec
le cens, les coutumes et autres semblables, la gerbe, les
essardiaux [3], à former cette énorme quantité de grains qui
entrait dans les greniers du comte. » Mais la *loi de Beaumont
en Argonne*, œuvre de l'archevêque de Reims, Guillaume de
Champagne, donne à ce sujet des renseignements précis. Or
ce texte est d'une importance considérable pour l'objet que
nous poursuivons, bien qu'il remonte à la seconde moitié du
xii° siècle, puisque, selon M. d'Arbois de Jubainville, qui l'a
publié [4], *un grand nombre, de chartes*, données surtout à des
communautés rurales, dans la région du nord-est de la France,
contiennent la déclaration que le seigneur et les habitants
seront soumis à la loi de Beaumont [5].

Eh bien ! cette loi, qui va devenir celle d'une notable partie
des campagnes champenoises ou picardes, non-seulement

[1] Au temps où nous reportent les documents administratifs résumés ou
analysés par l'auteur, sur l'état de la Champagne, qui passa sous le régime
royal par le mariage de Philippe le Bel.

[2] Le cens sur cens, *supercensus*, est la rente ajoutée au cens qui, devenu
insignifiant, ne suffisait plus au propriétaire. (Note de M. Lefèvre.) Cf. le § 100
des *Établ. de saint Louis.*

[3] Droit sur la terre essartée (en jachère). (Note de M. Lefèvre.)

[4] *Bibliothèque de l'École des chartes*, 3° série, t. II.

[5] *Ibid.*, p. 248.

attribue au bourg une véritable *organisation communale* (art. 9, 32-6, 53), et un code permanent (17-23, 30-2; cf. 25, 27-9, 39-44), mais fixe à douze deniers le *cens annuel*, avec quatre deniers annuels par fauchée, deux gerbes sur douze de redevance dans les terres déjà cultivées, deux sur quatorze seulement dans les bois défrichés; les habitants pourront posséder, acheter et vendre comme il leur plaira, sans nul vinage ni tonlieu (art. 1-4), condition dont nous pourrons bientôt apprécier l'importance.

On reconnaît aisément, en comparant les lignes de M. Lefèvre à des chartes d'affranchissement données aux environs de Paris et à la charte que Philippe le Hardi donnait à Saint-Maur, que, si les détails variaient, les formes de la fiscalité seigneuriale restent en somme à peu près les mêmes, quand on passe d'une province à la province voisine. Nous savons maintenant que la différence, au point de vue purement économique, entre le vilain et le serf, consistait surtout en ce que le second était taillable et corvéable, sans autre limite que la bonne volonté ou l'intérêt bien entendu de son seigneur, tandis que des coutumes ou des conventions expresses déterminaient à l'avance les charges du premier. Mais nous savons aussi que, dans la pratique, leur sort n'était pas très-différent, sauf la sécurité complète pour les bénéfices de l'amélioration du sol, et pour sa transmission, même en ligne collatérale. Grâce aux travaux de M. Léopold Delisle, nous pouvons faire un pas de plus et connaître avec précision, pour la même époque, l'état des campagnes normandes, c'est-à-dire la situation de l'une des régions les plus favorisées de la France, à cause de la disparition précoce, bien que graduelle, du servage proprement dit dans ce pays. Les résultats obtenus par M. Delisle nous seront comme un point de repère, une sorte de *maximum* de la condition des cultivateurs. Or là aussi[1], outre le *cens* annuel, on trouve, même au xiv° et au xv° siècle, la *taille* seigneuriale « généralement exigible au commencement du mois d'octobre, » *l'aide* citée dans des documents de la première moitié du xiv° et qui n'a « que le nom de commun » avec les aides royales, enfin diverses désignations moins connues de redevances, qui peut-être ne s'appliquaient qu'à

---

[1] Léop. Delisle, *Études sur la condition de la classe agricole*, etc., p. 60-62.

des localités restreintes et purent disparaître de bonne heure. Nous y trouvons une assez longue énumération de charges résultant, malgré la décadence du régime féodal, de l'ancienne confusion, essence de ce régime, entre la propriété foncière et la souveraineté, d'où résultait la concentration dans les mêmes mains du fermage et de l'impôt.

Là aussi, comme en Champagne, on trouve, dans la seconde moitié du xiii⁰ siècle, des *Surcens*, ou *croît de cens;* mais M. Delisle les explique autrement que M. Lefèvre. L'explication de celui-ci ne se comprendrait guère, du moins en ce qui concerne les tenanciers libres, que par les variations dans la valeur des monnaies, et ces brusques variations n'ont commencé que vers 1300. M. Delisle, au contraire, cite des faits multipliés constatant que cette augmentation de la rente était constituée, « ici comme indemnité pour l'abolition d'un service pénible ou pour la concession d'un privilège, là comme intérêt d'un capital avancé ou d'arrérages de la rente primitive capitalisés[1]. » Divers droits sur les habitations rappellent les 6 deniers par maison levés en Champagne, mais les noms et les formes en sont bien plus variés [2]; seulement ces noms, empruntés à des chartes diverses, ne représentent pas nécessairement la coexistence de ces redevances dans les mêmes lieux. Le droit de moutonnage ou brebiage se retrouve du xii⁰ au xv⁰ siècle, tandis que c'est seulement dans celui-ci que M. Delisle trouve la trace d'un droit sur les bêtes à cornes[3]. La mainmorte et l'interdiction du mariage hors de la seigneurie s'étaient aussi transformés en simple droit de mutation et en redevance fiscale[4]. Ce qui revenait beaucoup plus fréquemment, c'étaient les services de transport (peut-être quelquefois gratuit, mais non pas illimité pour chaque paysan) des objets dont le château avait besoin pour la consommation journalière du maître et de sa famille[5] ; c'étaient aussi les services exigés pour

---

[1] L. Delisle, *Études sur la condition de la classe agricole*, etc., p. 62-63 et notes.

[2] Distinction des droits de *fétage*, dus pour les masures vides, de *fumage* (a quaque domo exit fumus), de *poulage* (unum pullagium de duabus gallinis), etc. Voy. p. 63.

[3] *Ibid.*, p. 64-65 et notes. — Il en était autrement en Champagne. Dans son *Étude sur les finances de cette province au XIII⁰ siècle* (*ubi supra*, p. 442), M. A. Lefèvre dit que « celui laboure doit quatre sous par bête à corne et un ou deux sous par cheval. »

[4] *Ibid.*, p. 67-75.

[5] *Ibid.*, p. 76-8, 84. Cf. p. 88.

l'exploitation des domaines seigneuriaux. Nous retrouvons, ici comme en Champagne, le chiffre de deux ou trois corvées de charrue (pour les guérets, les blés d'hiver et les blés de mars); mais on trouve mentionné à part, dans divers textes se rapportant à des dates et à des localités différentes, des services d'ensemencement, de hersage, de sarclage, de moisson, de battage, de vannage, de fenage, de travaux des vignes, de récolte et pressurage des pommes, de garde des porcs, de conduite au marché des bêtes grasses, de tonte des moutons et même « d'aide aux maçons, charpentiers et couvreurs, employés aux bâtiments seigneuriaux [1]. » Le droit de prise à prix réduit existait aussi en Normandie, et même (au profit, il est vrai, d'un très-petit nombre de seigneurs) celui d'écouler une certaine quantité de produits à un prix non débattu [2].

Mais il ne faut pas oublier qu'au-dessous et au-dessus des anciens serfs, supportant, avec des garanties de sécurité et la libre disposition de leurs personnes, les charges grevant les terres serviles, pouvaient exister d'autres classes d'individus : d'une part, les simples journaliers; de l'autre, les tenanciers à emphytéose, à temps ou à métayage, dont la situation se rapprochait de celle des fermiers modernes. La condition matérielle des premiers, c'est à-dire la valeur de leurs salaires, n'a laissé, si je ne me trompe, que fort peu de traces dans les documents; j'ai peine à croire, d'ailleurs, que cette classe fût anciennement bien nombreuse dans les campagnes, où chacun labourait le champ paternel, et dans un temps où la dispersion lointaine des familles était une pensée qui, sans doute, ne se présentait guère à l'esprit de personne. Le très-petit nombre de faits que cite M. Delisle [3], relativement aux salaires des journées, à la fin du xiii⁰ siècle et au commencement du xiv⁰, peuvent aussi bien s'appliquer à la rémunération des services dus par les tenanciers qu'à celle d'ouvriers employés par les paysans eux-mêmes. J'en citerai néanmoins plusieurs, comme points de repère pour la valeur de l'argent à cette époque, et par suite comme estimation de charges citée plus haut. En 1291, on trouve, dans une localité de Normandie, la *neuvième gerbe* attribuée

[1] L. Delisle, *Études*, etc., p. 79-83, avec une multitude de citations et renvois.
[2] *Ibid.*, p. 87-8.
[3] *Ibid.*, p. 623.

pour salaire aux *moissonneurs*, et dix ans plus tard, dans une autre, 12 deniers correspondant à une journée tant de charrue que de moisson ; celle d'un homme vaut 8 deniers et la nourriture ; peut-être faut-il conclure du rapprochement avec le texte de 1301 que 4 deniers représentaient la nourriture journalière d'un homme, ce qui permettrait d'estimer bien bas les 6 deniers de *cens personnel* perçus par an dans la Champagne. « Vers 1320, à Ardevon (toujours en Normandie), le *batteur en grange* prend la dix-septième partie du grain battu [1] ; » beaucoup moins que le moissonneur, comme on voit ; mais les deux ensemble prennent environ un sixième de la récolte.

Quant aux fermages librement consentis de part et d'autre, ils étaient d'espèces très-diverses. Les *Fieffermes*, très-nombreux en Normandie, dans le XIII° siècle, étaient des emphytéoses perpétuelles à rente fixe, créées par les seigneurs [2], comme le Roi en créa, nous l'avons vu, au commencement du XIV°, pour les serfs qu'il affranchissait dans le Languedoc. La fixité de la rente était un puissant encouragement au labeur de l'agriculture, dont toutes les améliorations étaient ainsi au bénéfice du paysan ; dans les tenures dites à *champart* ou à *terrage*, le cultivateur, comme les métayers d'aujourd'hui, partageait avec le seigneur le produit du sol, dans des proportions variables suivant les lieux ou les conventions ; dans aucun des exemples cités par M. Delisle, la part du seigneur ne s'élève au-dessus du sixième. Pour aller jusqu'au tiers ou à la moitié, il fallait que celui-ci partageât les frais de récolte (paye ou nourriture des moissonneurs), mais non toutefois du labour, et se chargeât seul des défrichements [3]. C'étaient là des conditions relativement avantageuses pour la classe agricole : seulement, dans la vue sans doute de prévenir les fraudes du tenancier sur la quotité des récoltes, on exigeait qu'il ne levât ses gerbes qu'après la part faite au seigneur, péril très-sérieux sous le climat variable de la Normandie, parce qu'une pluie pouvait subitement les gâter, et par suite, condition tellement pénible dans la pratique qu'elle fut quelquefois rachetée par un accrois-

---

[1] Évidemment il s'agit ici, comme plus haut, de la totalité des ouvriers et de la totalité de la moisson. J'ignore si la répartition avait lieu par tête ou en raison du travail.

[2] Léop. Delisle, *ubi supra*, p. 45-47.

[3] *Ibid.*, p. 47-51. — Cf. le § 100 des *Établissements de saint Louis*.

sement de la rente [1]. Enfin les seigneurs, ayant fini par s'apercevoir que les rentes fixes, du moins en argent, étaient à la longue désastreuses pour les familles propriétaires, à cause de l'abaissement progressif de la valeur intrinsèque ou relative des monnaies, introduisirent, pour l'exploitation de leurs terres l'usage des baux proprement dits, payables soit en argent, soit en grains [2]. M. Delisle en cite d'assez nombreux exemples allant de la seconde moitié du xiie siècle à la seconde moitié du xve, mais surtout entre 1250 et 1350, c'est-à-dire vers la période que nous étudions ici. Il fait remarquer des différences très-grandes entre les durées de ces baux, lesquels varient de un à quinze ans. L'entretien des bâtiments est quelquefois stipulé à la charge du fermier; des précautions sont prises pour que les pailles et fumiers servent exclusivement à l'amélioration de la ferme; la marche de l'assolement est même prévue. Sans doute, comme le fait observer l'auteur, des locations souvent verbales et l'indifférence pour le texte de baux expirés ne laissent à la disposition de la science qu'une faible part des renseignements qu'elle pourrait souhaiter, mais cela suffit en somme pour permettre de reconnaître quelles étaient, vers la fin du moyen âge, les conditions de l'exploitation du sol dans ce pays.

Des éclaircissements aussi complets et aussi nets que ceux qu'a donnés M. Delisle peuvent être considérés comme le commentaire des tableaux dressés par M. Guérard, comme complément de l'Introduction où il a condensé les inestimables renseignements fournis par le *Cartulaire de Notre-Dame* sur la société religieuse et civile au moyen âge et spécialement au xiiie siècle, pour le centre de la France. Ces tableaux seraient bien plus curieux encore, si l'on pouvait admettre que l'arpent qui sert de mesure aux terres vendues ou accensées était partout et toujours l'arpent moderne de Paris, représentant un peu plus d'un tiers d'hectare ; mais l'auteur reconnaît que les appréciations en sont très-diverses, et que tous les arpents cités dans le cartulaire ne se ressemblent pas [3]. Cependant on peut sui-

----

[1] Léop. Delisle, *ubi supra*, p. 49.
[2] *Ibid.*, p. 51-55.
[3] Dans mon enfance, on reconnaissait encore, il m'en souvient, une différence énorme entre le *boisseau* de Rennes et celui de Combourg. Combourg n'est pas à 40 kilom. de Rennes.

vre, de 1270 à 1311, une décroissance à peu près continue, de 8 livres à 3 livres, dans le prix de l'arpent de terre vendu aux environs de Paris, tandis que la rente accensée croît, de 1277 à 1309, dans une proportion incroyable (environ 2 sous et demi en 1277, 1 sou même en 1288, 4 en 1303, 12 en 1308 et 18 en 1309), en ce qui concerne les terres labourables. Mais la conséquence la plus sûre que nous puissions tirer de ces tableaux, c'est que la possession et l'exploitation de la terre avaient déjà une certaine mobilité, c'est que la fixation de l'homme sur le sol, qui n'était plus le droit absolu, n'était pas non plus alors le fait constant.

Les tableaux analogues de M. Delisle vont *du milieu du xi* siècle au commencement du xv*[1]. Pour le dernier quart du xiii* siècle, ils nous montrent, en Normandie, le prix de l'acre de terre (quatre-vingts ares?) variant de 8 à 20 livres, le prix de fermage étant de 20 sous dans les trois seuls exemples cités à ce sujet par l'auteur. Dans le premier quart du xiv* siècle, ce fermage varie de 6 à 25 sous[2]. Mais un censier de Saint-Vigor de Bayeux, rédigé vers 1296, offre, en ce qui concerne les rentes, un renseignement fort précieux[3]. Pour les vingt-deux tenements dont l'étendue est précisée, il indique à la fois le montant de la rente, payée en froment, et l'estimation de ce qui reste au cultivateur. La rente, pour une vergée de terre, varie de un boisseau deux tiers à sept un cinquième, mais sur vingt-deux fermages, onze ne varient que de trois à quatre et demi, trois seulement vont au delà, et huit restent en deçà; un seul est inférieur à deux boisseaux. On peut donc estimer que la valeur commune de la terre était là, pour le propriétaire, de trois à quatre boisseaux par an et par vergée, et que l'on ne s'en écartait dans de fortes proportions que par suite de circonstances exceptionnelles, probablement pour des terrains de très-mince ou de très-grande valeur agronomique. La proportion de la *plus-value* et la *rente*, étudiée à son tour par M. Delisle, varie de 0,55 à 4, 66; mais ici encore, ces très-larges écarts n'empêchent

---

[1] Aux p. 575-585.

[2] Le sou parisis représentait alors près de 9 centimes, tandis que le sou tournois en valait environ 7, en valeur intrinsèque bien entendu. Voy. *Mém. de l'Acad. des inscript.* (nouvelle série), t. XXI, part. ii, p. 298.

[3] *Ibid.*, p. 580-81.

pas l'établissement d'une moyenne représentant la *valeur
commune*, puisque, sur vingt-deux exemples, trois seulement atteignent ou dépassent le rapport de deux à un, sept
autres atteignant ou dépassant le rapport d'égalité. La part
du cultivateur payant en nature est donc ici le plus souvent
inférieure et rarement supérieure à celle du propriétaire [1].

Enfin, les calculs de M. Delisle sur les données des fermes
en question l'ont conduit, touchant la production annuelle,
à des résultats dont les écarts sont en général beaucoup moindres. Le minimum est de quatre boisseaux par vergée; vingt et
une fois sur vingt-deux ce minimum n'est pas doublé, et sur
ces vingt et un exemples, trois seulement dépassent un tiers
en sus du minimum. On peut donc, sans crainte d'erreurs
graves et nombreuses, attribuer à la vergée cinq boisseaux de
rendement annuel dans ce canton.

Un certain nombre de documents ont aussi fourni à
M. Delisle une estimation du prix des grains [2]; mais je n'ose
en tirer aucune conclusion, dans l'ignorance où je suis de la
contenance des mesures estimées; et on désespère d'y parvenir, quand on voit ces documents eux-mêmes distinguer du
boisseau de Coutances celui de la Haie-Penel, celui de Néhou,
celui de Rouville, celui de Picauville, de celui de Bonneville et de
celui de Saint-Sauveur, ainsi que le quartier de froment d'Urville de celui d'Orglandes. Ces variations sans limite sont elles-mêmes une donnée intéressante, car elles paraissent supposer
de pauvres communications pour le commerce agricole. Mais
nous sommes plus à l'aise pour l'estimation des animaux dont
le nom nous représente toujours quelque chose d'intelligible,
sinon de précis, quant au mérite de service ou de boucherie.
En 1277, dans le bailliage de Rouen, un cheval est vendu
10 livres 10 s.; trente ans après, les porcs valent, à Aunou,
en 1324, ils atteignent ou dépassent, dans divers documents,
10 sous la pièce, et, un prix double de celui-là. Du reste, pour
cette période [3], la plupart des faits de cet ordre cités par
M. Delisle concernent les basses-cours. On en peut conclure

---

[1] Peut-être cette variation dépendait-elle en partie d'avantages d'autre
nature, qui étaient, dans les divers tenements, refusés ou accordés au
cultivateur.

[2] Voy. p. 595-97 pour la période que nous étudions.

[3] *Ibid.*, p. 614-15.

que l'élève de la volaille tenait une place notable dans l'exploitation des campagnes normandes.

Restent à examiner des charges d'autre nature, pesant à la fois sur les terres serviles et libres, savoir : les péages seigneuriaux, renouvelés à chaque châtellenie, les banalités et les dîmes. Les premiers étaient l'un des obstacles les plus opiniâtres au développement du commerce, et avaient pour effet inévitable, de faire obstacle à sa prospérité en grevant les acheteurs, sur qui retombait le dédommagement tel quel du commerçant et restreignant ainsi beaucoup l'étendue et la fréquence des transactions; ils durent contribuer par là très-notablement, à maintenir, pendant tout le moyen âge, l'un des plus cruels fléaux qui aient désolé les populations : la fréquence et la rigueur des disettes, chaque contrée, fief ou province, se trouvant presque hors d'état de suppléer à sa récolte par celle des autres provinces, fiefs ou contrées. « L'insuffisance des récoltes, dit M. Boutaric [1], amenait dans certaines provinces de véritables disettes, pendant que *l'abondance* régnait dans des contrées peu éloignées. On ne connaissait d'autre remède que de défendre *l'exportation* des céréales [2]; » et l'ignorance des matières économiques était si profonde et si universelle, que l'on n'avait pas même la pensée, pourtant si voisine de celle-là, de favoriser les importations ou plutôt de les rendre possibles, en supprimant ou atténuant les obstacles divers qui les arrêtaient à chaque pas. Jamais, ce me semble, l'initiative royale ne s'est exercée là-dessus. Vers la fin du xiiie siècle encore [3], une ordonnance adressée au bailli de Vermandois établit seulement, pour combattre une disette portant à la fois sur les céréales et les légumes farineux, une défense de vendre au-dessus de 40 sous parisis le setier de Paris du meilleur grain, taxant de même d'autres aliments, et ordonnant d'envoyer au marché, en diverses fois, sous peine de confiscation, tout ce qui dépasse les besoins de la famille. Voilà tout ce qu'on imagine pour le présent; on n'imagine rien pour l'avenir. Et voyez pourtant ce qui se passait à la même époque. « D'autres droits, dit M. A. Lefèvre [4], après avoir parlé du cens,

[1] *La France sous Philippe le Bel*, L. XI, ch. iv.
[2] *Voy. supra*, § vi.
[3] *Rec. des Ordon.*, t. XI, p. 30.
[4] *Ubi supra*, p. 442-3.

du terrage, des gîtes, etc., vont saisir les fruits et les marquer de l'empreinte féodale... Ils les saisissent sous la faux du moissonneur, les suivent sur les ponts et à l'entrée des villes, les surveillent entre les mains des industriels qui les transforment et ne les quittent qu'après la vente sur le marché. » Et ce n'était pas la féodalité seule qui étouffait ainsi la production presque dans son germe : « Certaines villes, ont des péages exorbitants..... Les péages se nomment aussi passages, bastages ou basts, portages et rouages... Le rouage... est souvent de deux deniers par charrette[1]. Les denrées.. sont enfin... sur les marchés. C'est là qu'elles sont le plus fructueuses pour le seigneur.... Le bois, par bûche de tas, doit un denier; le vin, par tonneau, six deniers...; chaque cuve de guède, six deniers; de toute autre couleur, un denier. » J'omets ici à dessein ce qui concerne l'industrie des villes, pour m'en tenir aux productions du sol. Enfin le seigneur s'arrogeait, sous le nom de *ban du vin*, le droit de vendre sans concurrence celui qui était récolté sur son domaine[2].

Mais le sens le plus ordinaire du mot *banalité* est différent de celui-là. On appelle banalités des fours et des moulins l'obligation, pour les habitants d'une seigneurie, de faire moudre leur grain au moulin du seigneur et cuire leur pain à son four, moyennant une redevance naturellement fixée par lui-même, à l'origine du moins, car ces droits aussi devaient être compris dans les *coutumes*. Les *Établissements* de saint Louis avaient essayé d'atténuer les effets de cet usage oppressif, mais le rédacteur n'avait pas cru pouvoir le combattre au nom du droit naturel : il se borne à fixer à la confiscation de la farine, saisie quand on l'apporte d'un autre moulin, l'amende encourue par celui qui s'est soustrait à l'usage du moulin seigneurial, prononçant d'ailleurs la suspension du

[1] Qu'on me permette de relever ici une inadvertance de l'auteur : il croit que le rouage s'applique spécialement au « raisin et autres fruits à boisson,» parce qu'il lit dans l'*Extenta* que le rouage est *surtout* productif quand les pressoirs pressurent. Cependant la levée par charrettes et le nom même de l'impôt ne permettent pas, ce me semble, de le distinguer du *rotagium* mérovingien, destiné à payer d'avance la dégradation que les *roues* (*rotæ*) des charrettes pouvaient faire subir aux routes. Naturellement la vendange et la fabrication des vins occasionnaient de nombreux transports. Les producteurs, heureusement pour eux-mêmes, n'essayaient pas de les consommer en totalité sur place.

[2] *Ibid.*, p. 442.

droit, si le seigneur tolère que son meunier fasse tort à sés clients forcés[1]; des prescriptions exactement analogues sont formulées quant à l'usage du four banal[2]. Aucun acte de législation générale n'a jamais déterminé, que je sache, le droit proportionnel du seigneur sur la farine ou le pain; mais la *loi de Beaumont* (art. 5 et 6), qui devint, comme nous l'avons vu, celle de beaucoup de localités rustiques dans le nord-est de la France, le fixe à un vingt-quatrième pour le four et à un vingtième pour le moulin, les deux ensemble étant, comme on voit, inférieurs de beaucoup à ce que le seigneur avait perçu au moment de la récolte.

Enfin la dîme, destinée dans l'origine, et employée encore alors en beaucoup do lieux assurément à l'entretien du clergé paroissial, des églises et de la célébration du culte, auxquels aucun fonds n'était attribué sur le budget ni royal ni seigneurial, se trouvait souvent détournée de son véritable objet. Nous avons à la considérer ici au point de vue économique, et il ne nous sera pas difficile de reconnaître combien ce détournement avait, même à cet égard, des effets désastreux.

En effet, outre la satisfaction nécessaire des besoins moraux urgents et permanents, la dîme constituait, à double titre, pour les pauvres habitants de chaque localité, un fonds de secours permanent aussi. D'abord elle était nécessairement *dépensée sur place;* puis elle représentait, pour les indigents proprement dits, une taxe des pauvres, sanctifiée par l'intermédiaire qui la distribuait et dégagée du grand péril de la taxe des pauvres, telle qu'on la pratique dans les pays protestants[3].

---

[1] *Établ.* L. I, 107; cf. 110; de même qu'il limite le droit de *garenne*, onéreux pour les exploitations rurales, aux seigneuries qui pouvaient en prouver la longue possession. Voy. Boutaric, *La France sous Philippe le Bel*, l. X, ch. I.

[2] *Ibid.* 109. — En Normandie, ou du moins en certains lieux de ce pays, « le blé, la farine, le pain et quelquefois le cheval et la voiture, dit M. Léopold Delisle (p. 520-21), étaient confisqués, sans préjudice d'une amende plus ou moins rigoureuse..... Tout blé récolté sur l'étendue du ban devait être moulu à l'usine banale; si, avant d'être transformé en farine, ce blé était exporté hors du ban, le droit de mouture n'en devait pas moins être payé au propriétaire du moulin. »

[3] Il faut observer que la dîme était payée, en partie, par le seigneur lui-même, un synode de Nîmes, tenu en 1284, exigeant expressément qu'elle le fût sur l'ensemble du produit *avant* la séparation des cens et autres droits seigneuriaux. S'il n'en a pas été ainsi, le seigneur devra verser sa part de ce

En effet la distribution des secours n'étant point assujettie à
des règles fixes, personne n'ayant un droit légal à en réclamer
sa part, la paresse et l'imprévoyance ne se trouvaient pas
légalement encouragées, et, les secours étant tous accordés à
domicile, on n'avait pas à craindre, comme dans un *workhouse*,
la rupture des liens de famille. Mais, pour satisfaire pleinement
à ces conditions, il fallait que la dîme fût réellement versée
entre les mains du clergé, et d'un clergé charitable; or il s'en
fallait de beaucoup qu'alors il en fût toujours ainsi. Dans les
temps barbares, et même encore au xvi° siècle, le clergé, considéré dans son ensemble, était loin d'atteindre au niveau
moral où nous le voyons arrivé de nos jours; mais là n'était
peut-être pas encore, en ce qui concerne les dîmes et au point
de vue qui nous occupe, le désordre le plus fâcheux. Les
textes des conciles en signalent d'autres pour les prohiber et
les flétrir, mais il y a tout lieu de croire qu'ils furent trop
souvent impuissants.

On voyait des jeunes gens aspirer aux titres et aux revenus,
mais non aux devoirs, ni même au caractère et aux fonctions
du sacerdoce[1]; on voyait aussi se produire sous d'autres
formes les lamentables abus qui provenaient du *patronage* laïc,
exercé pour la désignation des titulaires de certaines paroisses,
et des choix indignes qui transformaient la fonction pastorale
en exploitation éhontée. Sans doute le principe de la juridiction spirituelle indépendante était sauf; ces patrons ne
prétendaient point en exercer *l'investiture;* l'avenir était ainsi
réservé, la foi intacte; mais, quand on lit le texte des prohibitions formulées par les conciles, on doit convenir qu'en
certains lieux du moins le présent ne l'emportait guère

qu'il aura reçu. Il en résulte qu'une portion du revenu prélevé par lui sur
les cultivateurs était réservé à la paroisse, même quand le seigneur n'y rési-
dait pas.

[1] Le 10° art. du concile d'Auch, célébré en 1310 (ou 1330, selon Labbe),
défend expressément qu'on leur confère une *église paroissiale*. Voy. aussi
le concile de Bourges (1286), qui défend aux clercs *présentés* pour le gouvernement des églises paroissiales et *institués* par le diocésain de jouir des
fruits tant qu'ils ne sont pas dans les ordres sacrés (art. 5). — Un synode de
Bayeux (vers 1300) veut que les prêtres *avertissent souvent* leurs parois-
siens qu'ils fassent fréquenter les écoles à ceux de leurs fils qui ont embrassé
la cléricature (art. 46).

Tous ces textes sont empruntés à la collection des conciles de Labbe et
Cossart ; on les y trouvera à leurs dates.

sur l'état de la haute Italie et de l'Allemagne au milieu du xi⁰ siècle. En 1298, les constitutions d'un évêque de Saintes excommunient ceux—les patrons sans doute—qui, sans l'autorisation épiscopale, donnent des églises *à ferme* (art. 2); elles imposent la *résidence* aux recteurs (curés) qui l'avaient oubliée (art. 3), excommunient (art. 5) ceux qui s'obstinent à lever des dîmes dans la paroisse d'autrui. Presque en même temps (vers 1300) et à cent lieues de là, un synode de Bayeux est obligé d'ordonner que nul prêtre ayant (déjà) charge d'âmes, ne reçoive une église à ferme, s'il n'entretient perpétuellement un vicaire dans celle qu'il administrait antérieurement, et s'il n'en a obtenu la permission de l'autorité diocésaine (art. 50). En Gascogne (concile d'Auch, 1300), les patrons laïcs ne se bornaient plus à faire des choix suspects; ils allaient, en quelques lieux, comme ou l'avait fait au xi⁰ siècle, jusqu'à vendre les dignités de l'Église (art. 6). Le partage des revenus ecclésiastiques entre le patron et le titulaire faisait, même dès ce temps-là, au premier la part du lion, car le même concile est contraint de déclarer que nul personnage présenté, soit par un clerc, soit par un laïc, pour un bénéfice avec charge d'âmes ne doit, *nonobstant toute coutume contraire*, être admis à le posséder, s'il ne lui est assigné sur les revenus de cette église des ressources suffisantes pour acquitter les droits épiscopaux, avoir une existence convenable [1], et supporter les autres charges incombant à ses fonctions (art. 7), parmi lesquelles assurément figurait en première ligne le soin des pauvres.

D'autres fois, et souvent, l'envahissement des ressources communes de l'Église et des indigents se faisait plus ouvertement encore par *l'aliénation* formelle et permanente des dîmes. Un synode de Nîmes, tenu vers 1284, interdit tout compromis passé avec des laïcs touchant les prémices et autres droits de l'Église; et, la même année, celui de Poitiers signalait aux détenteurs le péril de leurs âmes, leur interdisait énergiquement de transférer ce bien mal acquis (art. 4)[2]. Un concile

---

[1] « Congruam sustentationem habere. » — On sait quel sens, véritable antiphrase, le terme de *portion congrue* avait pris, avant la Révolution française, sous l'action du patronage, qui continuait à se faire la part du lion.

[2] Voy. aussi un concile tenu dans la province d'Auch, en 1303, les articles 53-54 du synode de Bayeux déjà cité, et, dans le grand cartulaire de Notre-Dame, les numéros CCX et CCCXVIII, datés de 1288 et 1269.

de Saumur (1294) se plaignait de voir *la plupart* des barons
et autres gens, nobles et non-nobles, même des baillis, sénéchaux et autres préposés à la justice séculière, mettre la main
sur des dîmes, pour les posséder à titre héréditaire (art. 5).

En présence de ces faits, les conséquences se tirent sans
peine. Si un curé, même médiocrement zélé, si un couvent,
même relâché, devait dépenser sur place le revenu que lui
assuraient les redevances du voisinage, si les relations person-
nelles avec les gens de la paroisse, la connaissance intime qu'il
avait de leurs besoins, ne permettent pas de supposer que le
curé ou le prieur y fût généralement insensible, s'il se trouvait dans l'impossibilité de consommer pour lui-même [1] des
dîmes dont la quotité relative supposait nécessairement que
les indigents devaient en avoir la grosse part, ces avantages
disparaissaient par le fait de l'usurpation laïque. Passées aux
mains de l'aristocratie, les dîmes devaient se trouver largement détournées de leur destination primitive. Un grand seigneur ne pouvait résider à la fois dans toutes ses terres, et il
trouvait aisément l'emploi de ses revenus en dehors de ses
propriétés rurales, surtout quand il eut commencé à guer-
royer au loin pour le Roi.

Tels sont les principaux éléments d'appréciation qui, dans
l'ordre économique, sont présentement à notre portée pour nous
représenter, dans une certaine mesure du moins, quelle était,
avant les calamités sans nom de la guerre de Cent ans, la condition des paysans français. Mais ce travail serait bien incomplet
si, à côté des produits matériels et de leur usage, nous n'arrê-
tions, en terminant, notre attention respectueuse sur la fécon-
dité, non plus des champs ou des troupeaux, mais des familles
rustiques; et nous trouverons une consolation réelle des misères
dont nous venons d'être témoins en comprenant, par les résultats obtenus, que l'on ignorait alors cette effroyable abjection
des âmes humaines qui, dans notre siècle, en fait reculer un si
grand nombre, par un lâche calcul d'égoïsme, devant les inestimables jouissances et les devoirs bien plus élevés encore,

[1] Sauf le cas de violation de la loi du célibat; même à cet égard il y avait
alors un relâchement lamentable, du moins dans le nord de la France. Voy.
syn. de Bayeux, art. 38, et concile de Rouen, 1299, art. 1.

quelque laborieux qu'ils soient, de l'éducation d'une famille.
M. Dureau de La Malle [1] a constaté, d'après un manuscrit du
xIV⁰ siècle, que, dans le seul domaine de la couronne, plus de
deux millions et demi de *feux* étaient sujets à *l'aide*, lors de
l'avénement des Valois [2]. Or, en estimant seulement chaque
feu à cinq personnes, comme le *manse* moyen, dans le *Polyp-
tyque d'Irminon*, on arrive à un total de plus de douze millions
d'âmes, et encore les serfs, ni même les vilains possédant
moins de dix livres parisis, n'étaient-ils point assujettis à cette
aide levée pour la guerre de Flandre, non plus que la noblesse
ni le clergé [3]. Ce sont donc deux millions et demi de *familles
appartenant à la plèbe*, et jouissant d'un *certain degré d'aisance*,
que l'on trouve alors dans une région comprenant à peine la
moitié du territoire actuel de la France. Il est douteux qu'on
en trouvât un plus grand nombre aujourd'hui. Le système de
culture à main d'homme, fait observer le même savant [4], assurait l'emploi d'un nombre immense de bras. Le partage de la
récolte entre le seigneur et le paysan assurait (hors le temps
de famine) la subsistance de celui-ci, et, là même où la redevance se payait en argent, les Croisades ayant multiplié les
emphytéoses à rente fixe, les charges du cultivateur ne crois-
saient pas dans la proportion de ses produits [5].

Ainsi, loin que les guerres saintes eussent dépeuplé la France,
celle-ci, pendant la génération héritière immédiate de celle
qui en vit les derniers combats, nourrissait un nombre immense de familles; l'ignorance des plus simples lois de l'éco-
nomie politique et de la science administrative ne l'empê-
chait pas de vivre et de grandir. Les affreuses guerres du
xIV⁰ et du xV⁰ siècle; les guerres non moins affreuses où,
pendant le xVI⁰, la France prit comme plaisir à se déchirer
elle-même; puis au xVII⁰ et au xVIII⁰, les guerres d'ambition,
la fiscalité royale et le silence universel imposé à la France,
au mépris de ses traditions, arrêtèrent les efforts qu'elle fait
naturellement et toujours pour se développer, aussi bien dans
l'ordre matériel que dans celui des idées.

[1] *Mémoire sur la population de la France au XIV⁰ siècle*, Acad. des
Inscr., t. XIV, part. II.
[2] Pages 37–41.
[3] Pages 47, 51.
[4] Page 49.
[5] Page 52.

Nous n'avons point à insister sur ces graves et tristes souvenirs; c'est assez d'avoir rectifié peut-être quelques erreurs et propagé quelques vérités sur l'état ancien de nos campagnes et de leurs mâles populations, d'avoir fait comprendre qu'il y avait aussi des coins ensoleillés dans la France de nos aïeux. Quelles que soient les calamités qu'il subit, notre pays sait trouver le moyen de vivre ou doit conserver l'espérance de grandir.

Le Mans. — Typographie Ed. Monnoyer, place des Jacobins.